預金封鎖、財産税、そして10倍のインフレ!! 上

Blocked deposits, Wealth tax and Hyperinflation.

経済ジャーナリスト
浅井隆 vs 小黒一正
法政大学教授・経済学者

第二海援隊

プロローグ

浅井 隆

「オオカミは必ずやって来る!!」

古くから言い伝えられた逸話や伝承には、人々の知恵だけではなく歴史が示す重大な警告やおそろしい教訓も含まれている。

オオカミ少年の話もその中の一つだ。かつてオオカミは、フランス南西部の人気の少ない街道で、通りかかった馬車を襲って御者から中に乗っていた貴婦人まで全員を食べてしまったという話が残っているほど、人間にとっては恐ろしい生き物だった。

その昔のこと、ヨーロッパの田舎町にある予言能力を持った少年がいた。その少年がある時、街中の大人たちに「オオカミが来るぞ!!」と大声で言って回った。真顔で信じた大人たちは、物々しく武装してオオカミの襲来に備えた。しかし、結局オオカミは来なかった。それが二度、三度と続いた。ついに、誰も少年の言うことを信じなくなった。「なんだ、またあの話か。オオカミなんてやって来ないんだ。大体、オオカミなんて怖くないし」。しかし結局、その大人たちの油断をついてオオカミが大挙して町を襲い、身を潜めていた少年以外のすべての大人や子供たちが食べられてしまった。つまり、最後の最後になってオオカミは本当にその恐ろしい姿を現したのだ。

今、この日本でそれとまったく同じことが起きようとしている。私は二〇年ほど前から、「将来、この国は必ず破産する!! 個人は備えた方が良い」ということを幾度となく書籍、レポート、講演会で警告してきた。しかし人々は、「なんだ、国家破産なんていつまで待ってもやって来ないじゃないか。浅井隆はオオカミ少年ではないか」と言ってきた。

ところが、ついにそのオオカミが本当にやって来そうな状況になってきた。滅多なことを言わないはずの財政学者までが「この国は九九%の確率で破産する!!」と言い始めたのだ。その全貌が、いよいよ本書で明らかにされる。では、オオカミはいつやって来るのか。そしてどのような形でやってくるのか。それを新進気鋭の経済学者と共にここに解き明かし、皆さんの命の次に大切な老後資金の防衛について重大な情報を提供したいと思う。
ついに、備えるべきトキがやってきた。そして、オオカミは今度こそ必ずやって来る‼

二〇一六年一〇月吉日

浅井　隆

預金封鎖、財産税、そして10倍のインフレ!!〈上〉——目次

第二章　激論!!　日本は本当に破綻するのか⁉（前半）

小黒一正 vs 浅井　隆

※注　本書では為替は一ドル＝一一〇円で計算しました。

第一章

浅井隆の衝撃レポート

浅井 隆

「この国は、九九％の確率で破綻する」

いよいよ財政学者たちも認め始めた。「この国は、九九％の確率で破綻する」と。なにしろＩＭＦ（国際通貨基金）もはっきり認めるように、日本政府の借金（国と地方の合計）はついにＧＤＰの二五〇％に到達し、先進国一二〇年の歴史の中でも最悪の水準に突入したのだ。このまま行けば国家破産は必至で、そうなった場合、今からでは想像もつかないような、悲惨で重大な事態が私たちの生活に襲いかかってくる。

国家破産というものをわかりやすく説明すると、「あの東日本大震災の一〇万倍くらいのすさまじい衝撃が、経済と私たちの生活に突然襲いかかってくるようなもの」と言えば良いだろうか。東日本大震災は確かに東北の人々にとっては大変な出来事だったが、他の地域から救いの手が差し伸べられ、国や地方自治体も様々な支援策を打てた。ところが国家破産においては、その救護する側の国や地方自治体そのものが崩壊してしまうわけで、逆に私たちの財産を奪いにやってくるのだ。しかも、日本全体が経済的に壊滅してしまう。つまり、どこからも救援がこないどころか、国家があなたに向かって襲いかかってくるのである。

たとえば、一つのわかりやすい話として、ロシアの国家破産の例をあげよう。一九九〇年前後にソ連が崩壊し破綻すると、まず自国通貨であるルーブルが暴落し、それによってすさまじいハイパーインフレがロシア中を暴風雨のように荒れ狂った。そして、国民生活は無残にも破壊された。年間七〇〇〇％、つまり物価が一年で七〇倍に、逆に言うと通貨価値は一年で七〇分の一に暴落したのだ。

三年間それが続いた後に、ロシア政府はついに徳政令を断行した。なんと、通貨の価値を一瞬にして一〇〇〇分の一にするというデノミをやってのけたのだ。そのため、大切に貯めておいた銀行預金も自宅に置いてあった現金も、その価値が一〇〇〇分の一になってしまった。これではたまったものではない。

三〇〇万円の預金はたったの三〇〇〇円に、一億円の預金でさえも一〇万円というわけだ。この荒療治によって景気はその後大分回復し、株価も一〇倍近くに上昇したが、コトはそれですむほど生易しいものではなかった。その後に、さらなる悲劇が待ち受けていたのだ。

四年後の九八年にロシア政府は完璧にデフォルトし、最終的に究極の徳政令ともいうべき預金封鎖を断行した。国民の預金は、国家によってすべて没収された。こうして、ロシア国民の財産は海の藻屑と消えた。これほど国家破産は悲惨で深刻で、私たちの生活を完膚なきまでに叩きのめすのだ。年金も預金も紙キレと化し、無数の老人が絶望の末に命を絶った。国民生活は無残なまでに破壊された。これが、国家破産の全貌だ。

しかも、当時ロシア市民にインタビューを行なったところ、全員が「ソ連時代に誰一人、こんなことが起きるなんて想像もしていなかった」と語っていた。さらにある品のいい中年女性は次のように証言してくれた。「国が破産したんだから、私たちが全財産を失ったのはしょうがないわ。でも、財産を失うよりもっと恐ろしいことが起きたの。それは、信じられるものがまったくなくなったことよ。政府もルーブル（ロシアの通貨）も友人も、何も信じられなくなったの。ロシア人全員が食うに困ったので、騙し合い、盗み合い、殺し合い……なんでもありだった。治安があまりにも悪化したので、家族以外誰も信じられなくなった。だから、神の存在さえ疑ったわ。かわいそうに年金も預金も紙キレとなったので、老人たちは絶望のどん底で首を吊ったわ。何も信じられない――それが国家破産よ。だから頭がオカシクなる人が続出して、今でも精神病院は一杯で入れないわ。でも、いっそ気が狂ってしまった方が楽かもしれないけれど……」これほど国家破産の現実を言い当てた言葉は、他にないかもしれない。

それと同じような状況が、そう遠くない将来、この日本を襲う可能性が高まってきたのだ。しかも、注意していただきたい。国家破産やそれに付随する危機は、ある日突然やってくるのだ。今回、次章の対談でいろいろなことを証言してくれた経済学者の小黒一正法政大学教授も「いったん危機が始まったら、あっという間に様々なコトが起きてしまう」と警告していた。また、かつて私が米テキサスで単独インタビューに成功したカイル・バス氏（同氏は二〇〇八年のリーマン・ショックの発生を事前に予測し、暴落に賭けて数千億円稼いだという伝説の人物。経済危機を事前に予測する天才中の天才）もそのインタビュー直後の会食会場で、私に「政府の言うことだけは信用するな。危機は、ある日突然やってくる」。と耳打ちした。これらの話は、あなたの生き残りにとって極めて重大な教訓となるだろう。

話を本筋に戻そう。

日本がついに到達した二五〇％の借金（対GDP比の公的債務）は、一体どのくらいの水準と言ってよいのだろうか。実は、欧米の財政学者や見識のある人々の間では昔から次のようなことが言われてきた。「政府の借金はGDPと比べて七〇％以内であれば安全、九〇％を超えると黄信号、二〇〇％は頭がオカシイほどのレベル」というものだ。この基準からすると、今の日本の借金はもはや普通の状況ではないことがわかる。それは、歴史的に見てもはっきり指摘することができる。

そこで一六～一七ページの図を見て欲しい。この図はＩＭＦの公表した数字をもとに私が作製したもので、一九〇〇年以来の先進国の借金の対ＧＤＰの値がすべてチャートとして示されている。今後の日本の状況を占う上で大変参考になるし、あなたがご自身の資産防衛を考える上でも役に立つ貴重なものだ。

まず、今から一一六年前の一九〇〇年というと、日露戦争の直前の時期にあたる。それほど昔からの数値を見ても、二〇〇％を超えているのは（現在の日本を除いては）たったの三回しかない。その一つが敗戦直前の一九四四年（昭和一九年）の日本の二〇四％であり、二つ目が第二次世界大戦直後の一九四六年のイギリスの二六九％だ。現在の日本の二五〇％は、敗戦直前をはるかに上回り、一九四六年のイギリスにほぼ匹敵する〝異常〟なものだ。

私たちはこの事実を深刻に受け止める必要がある。しかも、この直近五〇年（正確な定義がないので直近五〇年が現代といえるかどうかはわからないが、一応ここではそれを現代ということにしておこう）に限れば、二〇〇％を超えて

債務残高GDP比推移

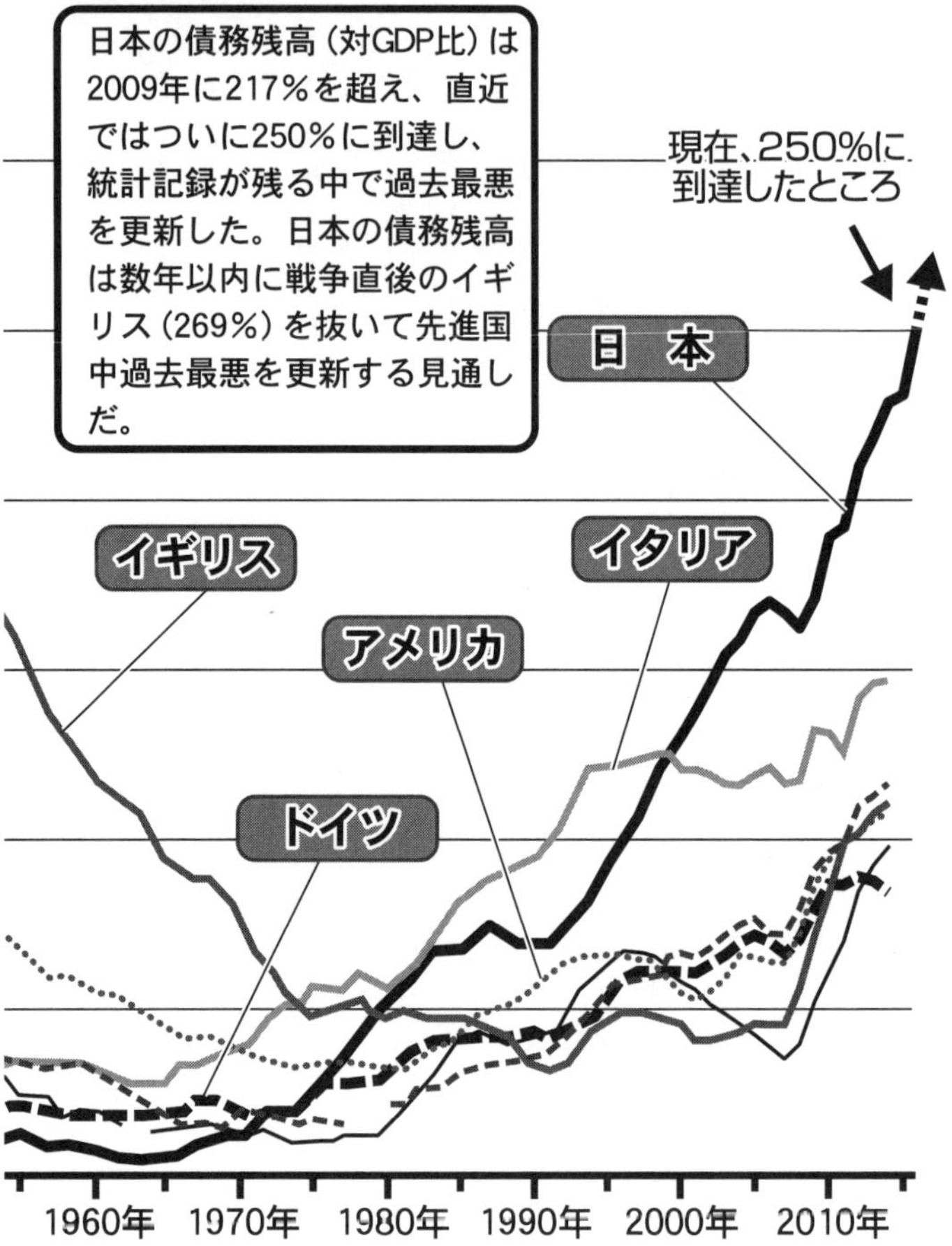

ＩＭＦのデータを基に作成

日本と主要国の

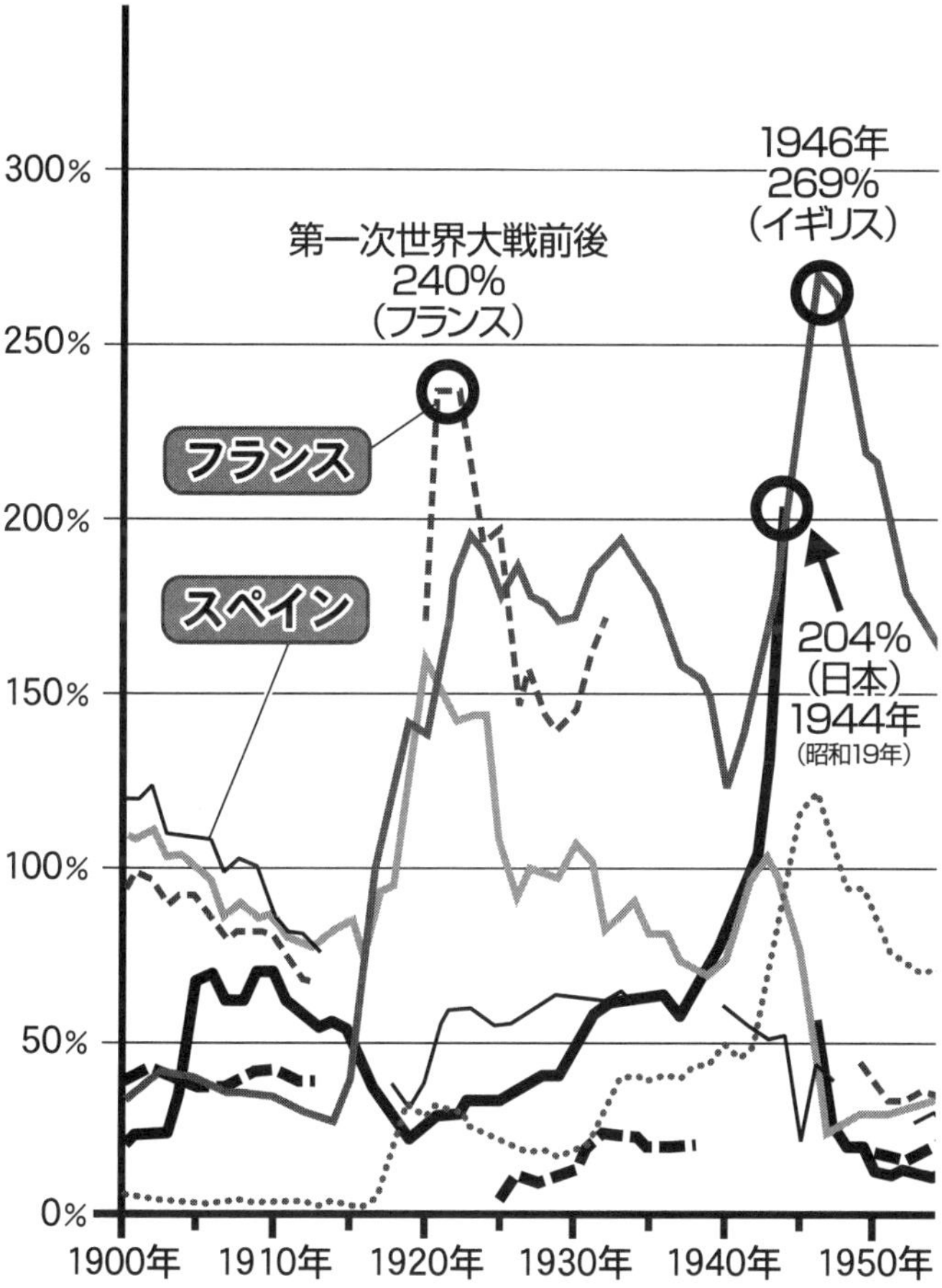

※日本、ドイツ、フランスは一部データが欠如している時期がある。

いるというのはこの日本しかない。これをどう説明すれば良いのか。しかも、このままいけば借金が減る見込みが少しでもあるどころか、増える一方なのである。今は、日銀に国債を買わせて何とかしているが、それが限界に達した時に起きるコトは、想像を絶する中身のものであることは間違いない。

日本のＧＤＰは約五〇〇兆円であり、借金はその二五〇％（二・五倍）にあたる一二五〇兆円にもなる。これは何か架空の数字でもなんでもなく、実際にすでにしてしまった借金である。借金というものは、必ず返済しなければならないものであり、その額がある限度を超えてしまえば、返済不能となってとんでもない事態を引き起こす。すでにギリシャがその状況であり、そのギリシャですら借金はＧＤＰの一七〇％程度である。返すアテのなくなった借金は、昔からいう〝踏み倒す〟しかなくなるのであり、国家という単位でいうと〝デフォルト〟ということになる。

借金がいかに恐ろしいものであるか、それを明治最大の知恵者であった福沢諭吉は次のように表現している。「この世の中で何が恐いといって、暗殺は別にして、借金ほど恐いものはない」。さらに、経済学の父と呼ばれ人類史上最高の知能を持っていたとされるアダム・スミスは、次のように政府の借金の本質を喝破している。「公債（国債）は非生産的代物であり、国家を亡ぼす‼」。

ついに、マスコミも警告を発し始めた

こうした状況を前にして、今まで口を閉ざしてきたマスコミもついに警告を発し始めた。まず日経新聞は、二〇一六年八月に五回にわたる一面の特集で日本国債に焦点を当て、その最終回では「敗戦後、失われた預金」という見出しのもとに昭和二一年の預金封鎖を取り上げている。冒頭でまず、

敗戦を告げる玉音放送の半年後。一九四六年二月一六日夕刻の渋沢敬三蔵相によるラジオ演説で国民は「国家財政の敗戦」を知らされる。「預金の支払制限、世帯主三百円」「新日銀券を発行」……。後の日本

経済新聞、「日本産業経済」は翌日付でこう報じている。

元財務相の藤井裕久氏（八四）は「旧円に証書を貼った紙幣を新円代わりにしたことをよく覚えている」。預金封鎖と新円切り替えの準備は極秘に進められ、新札を刷る余裕がなかったためだ。

（日本経済新聞二〇一六年八月一四日付）

と述べ、預金封鎖は国民が事前に何もできないように極秘に周到に準備が進められ、ある日突然行なわれたことが解説されている。さらに、現在の日本の財政の状況についても、次のように極めて厳しい見方をしている。

今の日本の財政状況は異常だ。国際通貨基金（ＩＭＦ）の最新の統計によると日本の国内総生産（ＧＤＰ）に対する債務残高は二四九％でギリシャの一七八％を大きく上回る。第二次世界大戦中の四四年の二〇四％より高く、古今東西見回しても四六年の英国の二七〇％に匹

日本国債 ▶▶5

敗戦後、失われた預金

敗戦を告げる玉音放送の半年後。1946年2月16日夕刻の渋沢敬三蔵相によるラジオ演説で国民は「国家財政の敗戦」を知らされる。「預金の支払制限　世帯主三百円」「新日銀券を発行」……。後の日本経済新聞、「日本産業経済」は翌日付でこう報じている。

元財務相の藤井裕久氏(84)は「旧円に証書を貼った紙幣を新円代わりにしたことをよく覚えている」。預金封鎖と新円切り替えの準備は極秘に進められ、新札を刷る余裕がなかったためだ。

米経済学者のカーメン・ラインハート氏とケネス・ロゴフ氏は金融危機の歴史を研究した大著「国家は破綻する」で事実上の国内債務デフォルト（不履行）の例に終戦直後の日本を挙げる。

インフレ率568％

同書によると45年のインフレ率は568・1％。政府は国民の財産を吸い上げ、インフレで債務の実質価値を目減りさせて、戦時国債で借りたお金をなんとか返した。

70年後の日本。ネット上には「発行残高1000兆円の国債は政府の債務で国民は1000兆円の債権者」「国債のほとんどは国内で消化しているから財政破綻には至らない」といった言説があふれる。戦時国債もほぼ国内で消化され、国民は債権者だったが紙くず同然になってしまった。

財政・金融一体化に警鐘

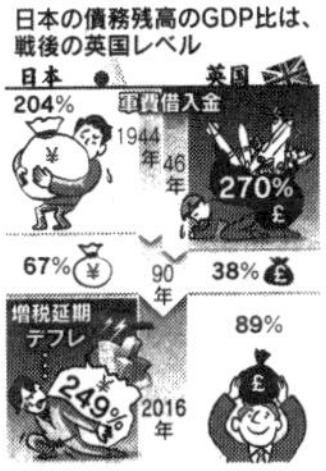

今の日本の財政状況は異常だ。国際通貨基金（IMF）の最新の統計によると日本の国内総生産（GDP）に対する債務残高は249％でギリシャの178％を大きく上回る。第2次世界大戦中の44年の204％より高く、古今東西を見回しても46年の英国の270％に匹敵し、大戦でもないのに史上最悪に近い。

新札を刷る余裕がなく、旧円に証書を貼った紙幣を代用した（貨幣博物館）

歴史をさかのぼろう。徳川幕府が財政の立て直しに使ったのが小判に含まれる金の量を変える貨幣改鋳の差益だ。265年間続いた江戸時代、金貨改鋳は9回あった。金の含有量をみると、家康が将軍になる直前の1601年に発行された慶長小判の15㌘に対し、最後の改鋳で1860年にできた万延小判はわずか2㌘にすぎない。

過ちは繰り返す

改鋳は5代将軍綱吉の放漫財政時や飢饉（ききん）で財政が逼迫した幕末に集中した。綱吉時代の勘定奉行、荻原重秀は「貨幣は国家が造る。がれきでもかまわない」との名言を残した。

バーナンキ氏が米連邦準備理事会（FRB）議長就任前に「日銀はケチャップを買え」「ヘリコプターからお札をまけ」と語った話と符合する。

見た目の輝きは同じでも改鋳による通貨の劣化と背後にある財政難は必ず見抜かれてインフレを招いた。遠い昔の話と笑えるか。「国家は破綻する」の原題は「今回は違う」。過ちはいつもこの言葉の後に繰り返す。「財政と金融の一体化が進むアベノミクスは違う」のだろうか。

＝おわり

（関連記事3面に）

電子版　藤井元財務相が語る戦後　▼Web刊↓紙面連動

（日本経済新聞 2016 年 8 月 14 日付より）

敵し、大戦でもないのに史上最悪に近い。（同前）

そして最後に近い将来、この日本で同じことが繰り返される可能性があると、次のような表現で締めくくっている。

遠い昔の話と笑えるか。「国家は破綻する」の原題は「今回は違う」。過ちはいつもこの言葉の後に繰り返す。「財政と金融の一体化が進むアベノミクスは違う」のだろうか。（同前）

日本を代表する経済紙である日本経済新聞がここまでのことを書くのは、長い戦後の歴史の中でも初めてのことであり、日本の財政の状況がどう考えても抜き差しならないところまできていることへの証左といえる。

さらに同時期に東京中日新聞は、一面トップ（二二三〜二二五ページを参照）の巨大特集として次のような内容を取り上げた。まず「戦後七一年目の経済秘史」

として「日銀に国債大量売却…預金紙切れに」と当時の状況を見出しで書いた後、現在の状況を『『禁じ手』再び待望論、『ヘリマネー』よぎる悪夢」とアベノミクスの将来を危惧した。そして、当時起きたことを次のようにまとめている。

「皆さんの貯金の自由な払い出しは禁じられます」。終戦から半年後の一九四六（昭和二十一）年二月十六日、土曜日の夕。蔵相の渋沢敬三がラジオで国民に驚きの内容を語りかけた。

下ろせるのは最低限生活に必要な額だけ。手持ち現金も預金しない限り、新札導入で紙切れに変わる。「預金封鎖」の強権策だ。

半年でコメの価格が三倍上昇するなど悪性インフレが進行する中、お金を強制的に預金させて物価を抑え込む戦略だ。だが、インフレに歯止めはかからず、人々の預金は無価値同然になった。

「全財産を失った。悔しいったらなかったよ」。長野県高齢者生活協同組合が二〇〇九年にまとめた聞き取り調査に当時八十六歳の女性は語った。長野県松本市の老舗旅館のおかみだった。戦争で経営に窮して旅館を売却。代金五万円、現在価格で二千万円を預金していたが、紙切れ同様になったのだ。夫も亡くし戦後は「子どもを育てるため、結核療養施設のメシ炊きとしてがむしゃらに働いてきた」。

そして、特集の最後で当時と現在の状況を次のように比較している。

戦争に続き人々の人生を狂わせた預金封鎖の原因は戦時中の借金財政。国は国債を大量に発行して日銀に売却、そのお金で軍備増強した。大戦末期の国の債務は国内総生産（GDP）比二〇四％まで膨張。戦後、政府が軍人への退職金や軍需物資の未払い金を払い出すと世の中にお金があふれ、インフレとなって爆発した。

「打ち出の小づち」のように日銀を利用した戦中の反省から政府が日

銀に国債を直接売ることは戦後、財政法で禁止された。

だが、いま国の債務がＧＤＰ比二二五％（昨年度末）と戦時も超える中、金融市場では当時を思わせる策を求める声が高まっている。

「ヘリコプターマネー」。政府が国債を日銀に売って得たお金を公共事業や現金給付を通じばらまく政策だ。禁じ手だったはずの政策が「亡霊」のようによみがえってきている。


（東京新聞二〇一六年八月一一日付）

※記事には氏名が記載されております。

さらに、この時期より一年半前の二〇一五年二月一六日にはＮＨＫの夜九時の看板番組である「ニュースウォッチ９」で、六九年前（放送時から数えて）の預金封鎖の特集が組まれていた。その中で、あの預金封鎖の本当の目的が政府が言い続けてきた「インフレ対策」ではなく、国の借金を国民の資産を使って一挙に減らすための「徳政令」だったことが暴露された。ＮＨＫは、その中

身を確認するために情報公開法を使って財務省地下の極秘資料を出させることに成功し、その中身の精査から様々なことがわかってきた。

そしてこの特集の推進にあたってきた「ニュースウォッチ9」の顔であった大越アナウンサーは、この後左遷されてしまった。真相はヤブの中だが、安倍政権による圧力があったと業界ではウワサされている。

全資産をかけたチキンレースが始まる

では、いつ頃この国の財政は正攻法での財政再建が不可能になり、実質的な破綻状況に陥るのか。小黒教授は学者の立場から「今から財政再建を本気で進めない限り、計算上では二〇三〇年頃だろう」と経済学の順当なやり方から予測してくれた。しかし、今のアベノミクスの異常なバラ撒きや世界経済の何でもありの状況を考慮すると、もっと早いのではないか。それらの要素を加味して小黒教授と私で話し合ったところ、「実際は二〇二五年頃ではないだろうか。

日本国の破産の現時点におけるタイミング予測

2025年

±2年

早ければ2023年となり、
あと6～7年しか猶予はない。

しかも、それもさらに早まる可能性がある」という結論に達した。それほど事態は切迫している。

なにしろ国の借金というのは、基本的に国民の預貯金の範囲内でしかできないのであり、その差額も急速に縮まっている。アベノミクスの効果で税収が増え、一時ほど借金の増加額が大きくないとはいえ、それでも年間二五〜三〇兆円規模の借金が積み上がっており、さらに社会保障費は毎年二・五兆円ずつ増えているわけで天井知らずだ。とすると、どう計算しても現時点（この原稿を書いている二〇一六年夏）から見て九年後の二〇二五年までには日本国政府は完璧に破綻し、この国の風景はある日を境に一変してしまうに違いない。

しかも、今回は後《あと》がないのだ。これまではいくら借金を増やして行っても預貯金との差が大分あったし、最後は日本国の中央銀行である日銀に国債を買わせてしまえば何とかなるという手があった。しかし、黒田日銀による異次元緩和によって毎年八〇兆円も国債を買いまくるという政策は限界に達しつつあるし、そのことによって日銀の資産（資産と言ってしまえば聞こえが良いが、日本国債が将来不良資産になれば、日銀そのものが危うくなる）が限りなく増え、もう間もなくＧＤＰと同額の五〇〇兆円になってしまう。マイナス金利が終了して金利が復活したら、それだけで大変な事態に突入する。国が日銀もろとも火ダルマとなってしまう。

そうなれば、その借金の次なる引き受け手がいないのであり、実に恐ろしい話だが本当に後がないのだ。だから「これまでも大丈夫だったからこれからも何とかなる」と言っている評論家も、なんとなくそう思っている一般国民も、その時になって気付くことになる。「これが地獄だ」と。

過去を見ればわかる通り、人類の長い歴史においては無数の国家が破綻してきたし、無限に近い借金に耐えられる国家も企業も個人も存在しないのだ。借金をさらに増やすことによって救われた国家もないし、そうした麻薬を打つような行為は一時的延命を可能にすることはあっても、後で更なる激痛とすさまじい症状に襲われる。それがわかった上で借金を繰り返す行為は、まさに神をも怖れぬ所業であり、必ずや手ひどいシッペ返しをくらうことだろう。この世の中にタダですむ行為は一つもなく、必ず代償を伴う。

さらに「日本は海外から借金をしていないから大丈夫」という議論があるが、それもここまで借金の額が増えてくると色あせて見える。確かに現時点で、日本国債の九割は国内で消化されている。だから海外から「お前の国は危ないからすぐに返せ」とか「もっと高い金利を払わないと貸してやらないぞ」という脅しもこないから大丈夫という論法だが、それは少し話が違う。内国債（国内で国債がほとんど消化されている状態）は破綻した場合は逆にインフレ率も外国債（海外に国債を多く買ってもらっている状態）よりひどいのだ。つまり、内国債だと海外から「これ以上借金すると危ないから貸さないぞ」という警告がこないために、とことんまで借金をしてしまい、後で大変なことになるのだ。まさに〝行きはヨイヨイ、帰りはコワイ〟の状況だ。警告（危ないという信号）は来ない、麻薬は打っている、というのではたまったものではない。行き着くところまで行ってしまうのは、目に見えている。

そして、その限界を超えた時には、まさに〝驚天動地〟のことが私たちに襲いかかってくる。そのことをあの歴史的名著『国家は破綻する』（カーメン・M・ラインハート、ケネス・S・ロゴフ著　日経BP社）は、はっきりと指摘している。日銀による国債の大量購入だけでなく、アベノミクスの何でもありの市場への介入・バラ撒き政策は、確実に日本の経済に歪みを生じさせている。

そこで、もう少し巨視的に現在の日本が陥っている状況を俯瞰してみよう。ここまでこの国の借金が膨張してきた本当の理由は何か。まず長期で見た時に、ベースとして「止まらない少子高齢化」という問題がある。止まらないどころか、人類史上最速のスピードで高齢化が進み、子供や若者の数はどんどん減っている。わかっていたはずなのに、どの政治家もまったく手を打たずにここまでやってきた。しかも、増え続ける社会保障費の穴埋めを借金でやってきたわけであり、これでは借金の増加に歯止めがかかるわけがない。まずこれが、一番目の大きな理由。

そして二番目が、日本が身に付けてしまった体質の問題だ。つまり政治家は、「国家百年の計」を考えるどころか一、二年後の選挙の当選のことばかりを考えて国民にこびを売り、痛い改革は一切口にせず、バラ撒きをちらつかせてそれをすべて国の借金に回して何とかしようとする。国民は国民で、自分の年金が大幅カットされるのはイヤだし、消費増税なんてまっぴら御免だ。そんなことをいう政治家は落選だ、となる。しかも若者は政治などというものにほとんど関心がないし、一票の格差もあって老人と地方を最優先させるという暗黙のルールが強固にできあがってこの国を雁字搦《がんじがら》めに縛り上げている。特に、九〇年のバブル崩壊後は「この株安、不況、デフレを何とかしろ」という官民あげての大合唱に、政治家も官僚も悪乗りして借金街道をまっしぐらに突き進んできた。そして、コトここに至って打つ手が尽きてきたという状況なのだ。

こうした日本国あるいは日本人の体質、気質がこの国を危うくしようとしている。つまり一言でいえば、ギリシャの哲学者たちが一番恐れた「衆愚政治」が、二〇〇〇年以上経ってこの極東の島国で大きくその徒花《あだ》を開花させたということかもしれない。そして、人々が唱えている念仏の中身は「これまで大丈夫だったのだから、きっとこれからも大丈夫なはずだ」というものだ。

ここでも、あの天才的投資家の意味深い名言を思い出さざるを得ない。「矛盾は一度極限まで行き、その後大爆発する」というジョージ・ソロスの言葉だ。では、その先にあるものは何か。

そして、この二つの日本の大問題の根源には、さらに重大な問題が潜んでいる。それこそ、「国家としての長期的戦略の欠如」というものだ。この国には多少の困難をものともせず、将来の国家と国民の安泰な生活と繁栄のために、正しきことを主張し、甘い妖言を排して痛みの伴う改革を実行していく政治家もいなければ、それを支える国民もいない。国家にとって本当に必要なのは「長期的戦略」であり、「真の改革を受け入れる勇気と見識」である。それを失った国家や国民には、自滅の道しか残されていない。私たち日本人に今必要なのは、真実と向き合ってその厳しい現実を直視すること、そして長期的視野に立って次の世代のために真の改革をなるべく早く実行することである。さもないと、戦略なき国家の悲惨な末路を一〇年以内に私たち自らの目で見る羽目となることだろう。

二〇二五年へ向けて、私たちの全資産をかけた壮大な〝チキンレース〟が始まろうとしている。

国家破産の現場から見える衝撃の事実

ここで、皆さんが生き残るための貴重な参考例として、国家破産のリアルな現場を見る旅に出ることにしよう。私は今からおよそ二〇年前、初めて「日本は将来、国家破産するかもしれない」と発言して以来、現代において破産した国々を、実際に現地に足を運んでこの目で取材し続けてきた。そしてその体験をもとに「国家破産時におけるサバイバル方法」をこと細かに研究してきた。そして数多くの書籍にまとめ、幾多の講演会を開き、そして専門の会員制クラブまで運営してきた（詳しくは巻末の二〇五ページ以下をご覧いただきたい）。

世界には日本も含めて、国家破産に関する学術的書籍や評論的書籍はそれなりの数が出ているが（その代表的なものが前出の『国家は破綻する』だ）、本当に個人レベルでの生き残り策について詳しく突っ込んで書いた書籍はほとんど存在しないし、そうしたことを研究している専門家もいない。その意味では、私自身は極めてユニークな存在かもしれない。

では、その私が実際に最近破綻した国々を見てきた事例のエッセンスを、ここに紹介しよう。その国々とは、「トルコ」「ロシア」「アルゼンチン」「ジンバブエ」「ギリシャ」である。そこには、現在の日本からは想像もつかないようなすさまじい実態が見え隠れする。ではまず、三〇年間準ハイパーインフレに悩まされたトルコから見ていくことにしよう。

トルコ

トルコを襲った大変動

トルコは一九九九年頃、やっとのことで不況から抜け出し、その後の一年間は安定していたが、それまでは国家破産で三〇年以上も国内経済が壊滅的な状態だった。年率一〇〇％のインフレが巻き起こり、失業者が溢れ、国民生活は逼迫していたのである。

インフレといっても、その高進率が一定であれば何の問題もない。三九ページの図Aのように、一直線に、つまりまっすぐに上昇するのであれば、大した問題を引き起こさない。一定の上昇率なら誰もが今後の動きを予測できる。ところが、国家が破産した時のインフレは、三九ページの図Bのようになる。乱高下を繰り返しながら、ある時点で突然大変動が襲う。実際、私がトルコに取材に行った時、その直前に大変動が起きていた。

すでに三〇年間破産状態だったトルコだが、ずっと悪い時期ばかりではなく、一時的に安定した時期もあった。前出の図Bは、トルコにおける実際のインフレ率の推移を表したものだが、これを見るとわかるようにある一定期間はむしろ物価が下がっている。この時はアメリカ資本も流入してきたし、トルコ経済が回復の兆しを見せていた。

マクドナルドのハンバーガーが１個60万トルコリラとは……。
（浅井隆撮影）

景気が回復したことで、トルコリラがドルに対して強くなり、金利も下がって銀行の貸出金利は二〇～三〇％に下がった。それでも日本の今の水準に比べれば高いが、以前は五〇～六〇％、ひどい時は一〇〇％以上だったことを考えれば、常識的な水準にほぼ落ちついていたと言ってよい。やっとこれで長年の苦境から脱することができると、国民もほっと一安心したのである。

一転、一週間で七〇％のインフレに

ところがその後、トルコを政情不安が襲った。日本で政治家同士の争いが起きても経済的にどうということはないが、トルコは政治と経済が密接に関係しており、政権が弱体化したり政争があったりすると経済にも大きな影響をおよぼす。この時も、その前年の秋に政権の内部で政治家同士の衝突があった。

インフレ率の推移の2つのパターン

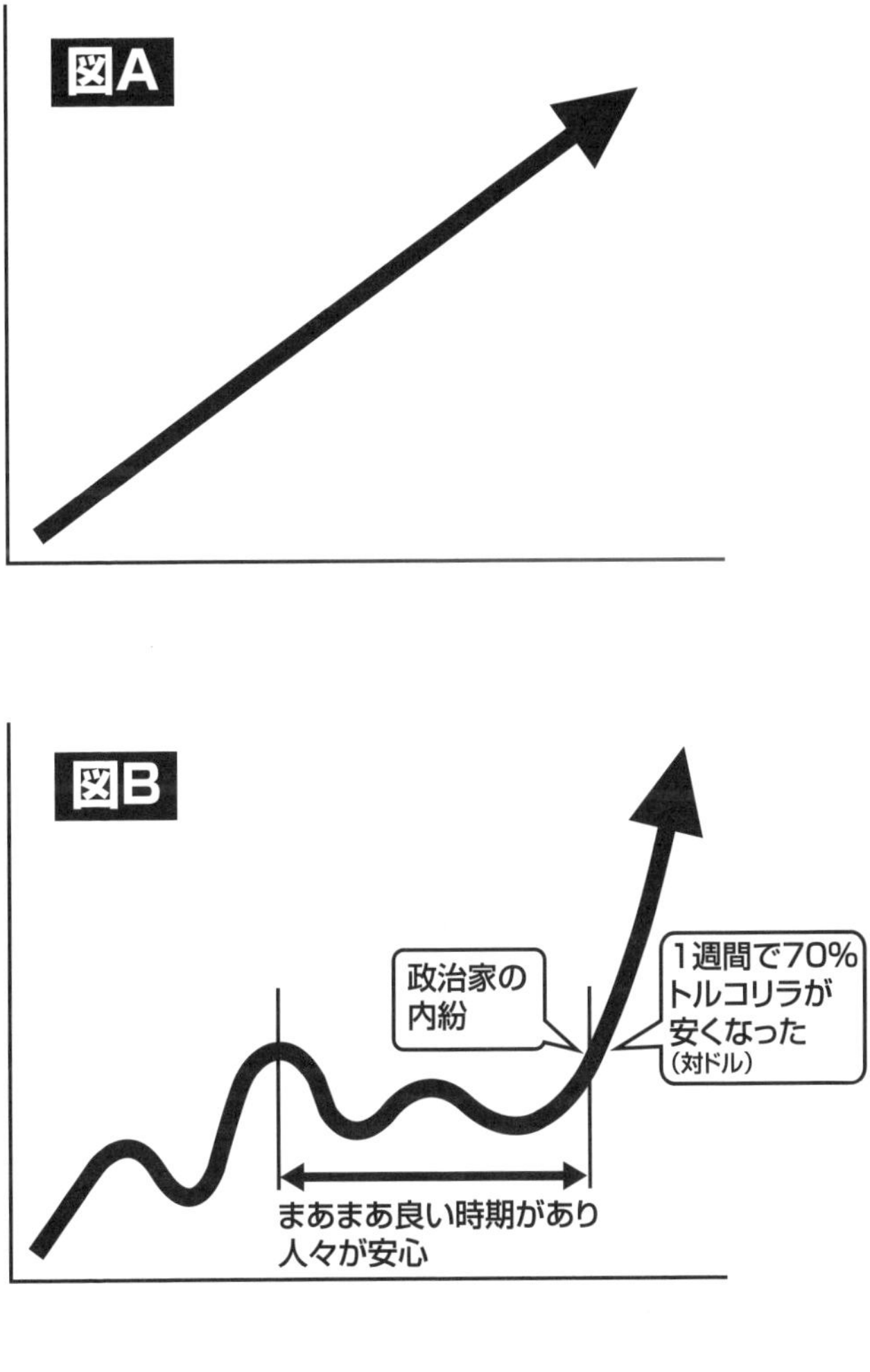

その様子を見ていたトルコ国民は、何か感じるところがあったようだ。なにせ、三〇年もどん底でもがき苦しんでいる人々だ。危機意識は強いし、何事にも敏感になる。特にお金持ちほどリスクに敏感だから、まず一部の富裕層が銀行からお金を引き下ろし始めた。

そこからはあっという間だった。人々が気付いた時は一週間で物価が七〇%も上がっていた。そして当然のごとく、それと連動して自国通貨であるトルコリラは米ドルに対して一週間で七〇%も下落していた。日本でいえば、わずか一週間で円がドルに対して七〇%も暴落したということだ。つまり、円安だ。一週間で七〇%のインフレであるから、これが一年続くとすれば一・七の五二乗（九六兆二三七四億〇六七一万五九〇〇%）ということになり、途方もないハイパーインフレの嵐が吹き荒れることになる。

実際にはそんな急激なインフレは一年も持続することはなかったが、その時点では予測のしようがない。そこで銀行は、とりあえず翌週、貸出金利を一万五〇〇〇%に設定した。あくまで暫定的な措置だが、前の週までは二〇%だった金利が信じられない高金利に跳ね上がったのである。

長い間破産していた国では、生活に困窮して借金をしている人も多い。ただでさえ困っているところにこの高金利である。金利一万五〇〇〇%ということは、一〇〇万円借りていた人は一年後に一億五〇〇〇万円返さなければならない計算になる。これはもう、滅茶苦茶だ。現実にはその後金利は下がったが、乱高下の間の大混乱はまぬがれない。

品物の値段がつけられない商店

国民生活で一番困ったことは、物の値段がつけられないことだった。そしてインフレがどこまで進むかまったくわからないから、文房具屋もペン一本でさえ売ろうとしない。なぜなら、来週になったらもっと値段が上がるかもしれないからだ。その逆に、工場など原材料を買う側も、「来週になれば反落して値段が下がるかもしれないから今回は見合わせよう」となる。

こうして経済が立ち往生して、盛り返しかけた景気もあっという間に元の木阿弥となった。日本企業のトルコ現地法人の日本人社長にもその時の状況を訊いたが、「原材料の値段がわからないだけでなく、逆にできあがった製品をいくらで売ったらいいかもわからない。もちろん、従業員の給料もいくらにすれば良いのか見当もつかない。結局三ヵ月間、工場は完全に止まったままです。かわいそうですが、全従業員もレイオフしたままです。まさに想像を絶する状況で、恐慌の方がまだマシですよ」と言っていたのが印象的だった。こんなコトになれば、企業経営者もどうしていいかわからない。借金の金利が突然一万五〇〇〇%などと言われたら、あなたならどうするか。とてもではないが経営などできない。しかしトルコでは、現実にそういうことが起こった。

特に、中小企業の経営者は大変だ。操業できない会社が続出し、給料の支払いをめぐって従業員との対立も絶えない。そんな状況では再建もおぼつかない。

さらに、経済が悪化することで社会不安も巻き起こる。生活に困っていた人たちは、銀行から借りられる人ばかりではないから、親戚とか友人から借りている。その場合、国家破産している国では、必ずドル建てで貸借をする。自国通貨は劇的に変動してしまう可能性があるので、変動リスクに対応するためだ。しかし、給料は自国通貨でしか支払われないので、持っているお金は実際にはトルコリラである。つまり、トルコリラがドルに対して七〇％も安くなれば、収入が変わらなくても、ドル建てで借りている借金の方は自然に七〇％も増えてしまうことになる。

この結果、国中で親戚や友人同士の争いが起こった。貸した方はドル建てで返して欲しい。しかし、借りた方はそれではたまらない。新たに借りたわけでもないのに、一週間で七〇％も借金が増えてしまうのではどうにも納得がいかない。そこで、「ドルで返せ」、「いやリラにしてくれ」と双方の言い分が対立し、仲たがいするのはまだいい方で、殺し合いに発展した例もあったという。

国家が破産すると、こういうことが現実に起きる。何とか細々と命脈を保っても、金融不安や社会不安が繰り返す。徐々に悪くなるならまだしも、ある日いきなりドカンと来るのだから、小さな会社や個人の生活はたまったものではない。何とかがんばっていた企業も急に立ち行かなくなることがあるし、全財産を一気に失って生活基盤をなくす人々が続出する。

トルコを観光で訪れた人は多いだろうが、当時のイスタンブールに行っても、街並みはきれいだし洒落たレストランもあって、のんびりした観光気分を味わえた。とてもそんなひどいことになっているとは思えない。しかし、その裏で何が起きているか、その国の国民となってみなければわからないものなのだ。

郵 便 は が き

料金受取人払郵便

神田郵便局
承認

3347

差出有効期間
平成30年9月
30日まで

［切手不要］

101-8791

503

千代田区神田駿河台2－5－1
住友不動産御茶ノ水ファーストビル8F
株式会社 第二海援隊
経済トレンドレポート係 行

経済トレンドレポート入会申込書

お名前	フリガナ	男・女	年 月 日生 歳
●ご希望の会員種類に✓印をお付け下さい		□FAX会員 □郵送会員	
●送付先住所（会社の方は会社名も）をご記入下さい			
ご住所	〒		
TEL		FAX	
e -mail			

ご記入いただいた個人情報は、書籍・レポート・収録CD等の商品や講演会等の開催行事に関する情報のお知らせのために利用させていただきます。

《お問い合わせ先》株式会社第二海援隊 経済トレンドレポート担当 島崎まで
TEL：03-3291-6106 ／ FAX：03-3291-6900
URL http://www.dainikaientai.co.jp/ e -mail info@dainikaientai.co.jp

ロシア

国家破産の教科書

では次に、ハイパーインフレ、デノミ、預金封鎖とすべてのことが起きた〝国家破産の教科書〟のようなロシアの例を見てみよう。

ソ連が崩壊し、それまでのごまかしと無理がたたって国家破産したロシアでは、一九九一年から三年ほど、年間七〇〇〇％というすさまじいハイパーインフレが吹き荒れた。それが、国家破産の第一波となった。ただ、ロシア人に聞いてみればわかるが、彼らが一番困ったのは第一波ではない。ハイパーインフレに関しては、あらかじめ物に換えたり、外貨に換えておけば何とかなったからである。問題は第二波だ。一九九四年、突然デノミが実施されたのだ。それも、自国の通貨の価値を突然一〇〇〇分の一にするという強行策。これで、ほとんどの国民の財産はパーになった。

年間七〇〇〇％のインフレ下で、銀行預金の金利はどうだったかというと、もちろん七〇〇〇％まではいかないが、それを少し下回るくらいの利息はついた。ということは、一応、目減りはしていくがある程度は金利をもらえるという状況。このため、ロシア国民の多くは自国の通貨、ルーブルで銀行預金をしていた。日本でいえば、円で三菱東京ＵＦＪ銀行へ入れていたわけだ。それを突然、一〇〇〇分の一にされたのである。つまり一〇〇〇万円が一万円、一億円が一〇万円、一〇〇億円持っていても一〇〇〇万円になってしまった。これはもう、ほとんど乞食になるのと一緒だ。

しかも、津波はこれで終わらなかった。当時のロシア人は「これで全部終わった」と思い込んでしまった。第三波が来ることなど、予想もしていなかった。というのも一九九五年から景気が良くなり、一時的にルーブルも強くなって、ミニバブルがやって来たからだ。株価も上がった。銀行も安定を取り戻し、金利もかなり高くなった。それで、〝もう大丈夫だろう〟と安心してしまったのだ。「三～四年はひどい時代だったけど、また元に

1994年、大混乱時のロシアの首都モスクワ。写真は拾ってきた物を食べるホームレスの子供たち。（写真提供：（C）REX/PPS）

戻った」と。

しかし、後から振り返ってみて初めてわかることだが、これはトラップ（罠）のようなものだった。一瞬安心させて、さらにひどい仕打ちをするためのトラップ。そして、ロシア国民はみごとに引っかかった。彼らはほっとすると同時に金《きん》や海外ファンドをまたルーブルに戻し、国内の銀行へ預けてしまったのである。特に、老人にその傾向が強かったと聞く。お年寄りは、ソ連時代の良い時を忘れられなかったのだろう。

そして一九九八年、第三波がやって来る。ロシア国債のデフォルト（債務不履行）、つまり、ロシア国債が紙キレ同然になったのだ。ただし、購入していたのはほとんど外国人。ではロシア国民にとってどういうことが起きたのかというと、ずばり預金封鎖である。ロシアの銀行に預けていた預金は全部国に取られ、返って来ることはなかった。それだけではない。貸金庫の財産まで没収されたのだ。

ちょっと頭の回る人で、「預金はなくなるかもしれないが、貸金庫は大丈夫だろう」と踏んで、ダイヤや金《きん》や外国の株券を銀行の貸金庫に預けていた人もいた。しかし、それも全部持っていかれた。かくしてロシア国民は、三度もの大津波で財産のほとんどを失ったのである。

一九九一年頃から始まったロシアの混乱が落ち着いたのは、二〇〇二年以降。その間、一二年間くらいは本当にとんでもない状況だった。その後、ロシアは一時、石油や天然ガスなどの資源大国として復活したが、いまだに国民の四分の一は乞食同然である。そのことはぜひ、覚えておいて欲しい。国家破産で受けた傷は、まだ癒えてはいないのだ。その一方で、人口の五％に超お金持ち層が出現していることも付け加えておかねばならない。今や世界で一〇億ドル（一〇〇〇億円）以上持っている人が一番多いのは、モスクワなのだ。極端すぎるほど極端な二極分化――これが国家破産を経たロシアの現状である。

その他、当時のロシアで起こったことを列挙しよう。この当時のロシアを特集した『エコノミスト』誌には「経済犯罪が横行」とあったが、横行したのは経済犯罪だけではなかった。治安は急激に悪化し、強盗、窃盗、殺人などの犯罪が急増した。郊外の一戸建ては危険で住めなかった。ソ連時代は無料であった医療体制も市場経済への移行で混乱し、将来を絶望した年金生活者などの自殺者も増加し、死亡率は急上昇する一方、出生率の低下が起きた。また、激しい社会変化に付いていくことができず、強い心理的なストレスからロシアの国民酒ウォッカをあおり、アルコール中毒や循環器系の病気になる人が増えた。自殺する人も急増して自殺率は世界一となり、男性の平均寿命は一九九三年に六〇歳を割り込み、一九九四年には五七・六歳となった。当然、人口は減った。ソ連崩壊直後の一九九二年の一億四八七〇万人をピークに減少を始め、相当数の移民があったにもかかわらず減少は続いた。

生活レベルの話に戻ろう。国家が破産したために安定していたはずの公務員の生活は暗転、厳しくなった。給料は満足に出なくなったし、公務員の中でも失職する者も少なくなかった。失職を免れても、紙キレ同然の価

郵 便 は が き

料金受取人払郵便

神田局
承認

3348

差出有効期間
平成30年9月
30日まで

[切手不要]

101-8791

503

千代田区神田駿河台2－5－1
住友不動産御茶ノ水ファーストビル8F
株式会社 第二海援隊
代表取締役社長 浅井 隆 行

お名前	フリガナ	男・女	年 月 日生 歳
ご住所	〒		
TEL		FAX	
e-mail			
ご購読新聞		ご購読雑誌	

ご記入いただいた個人情報は、書籍・レポート・収録CD等の商品や講演会等の開催行事に関する情報のお知らせのために利用させていただきます。

応募者全員

「浅井隆からの最新情報ＤＶＤ」プレゼント

このアンケートハガキにご回答・ご応募いただきました方に、もれなくＤＶＤをプレゼントいたします。浅井隆とＦＰが最新の経済・金融・国際情勢などについて映像でお伝えします（３ヵ月毎に内容を更新）。

《ご購読者アンケート》

書名

Q この本を何でお知りになりましたか？

□新聞、雑誌の広告や書評を見て（媒体名　　　　　　　　　　）
□直接書店で見て
□第二海援隊ホームページで
□その他（　　　　　　　　　　）

Q この本をどこでお買い上げになりましたか？

□書店（　　　　　　　　　　）
□インターネット書店（　　　　　　　　　　）
□弊社に直接ご注文
□その他（　　　　　　　　　　）

Q 浅井隆の本を読んだのはいつからですか？

□本書が初めて
□過去に読んだことがある（　　　　冊目）

Q 本書について、ご意見・ご感想、現在あなたが関心を持っている事柄、今後取り上げて欲しいテーマがあればお聞かせください。

（　　　　　　　　　　）

書籍に関するご意見・お問い合わせはe-mail:hon@dainikaientai.co.jp

◉ Eメールにて第二海援隊の最新出版情報をお届けいたします（無料）。
□ 希望する　／　□ 希望しない

ご協力ありがとうございました。

値しかなくなったルーブルによるわずかな給料で生活せざるを得なくなった。彼らの生活水準は、ほとんど乞食同然という状態にまで落ち込んだ。悲惨なのはもちろん公務員に限らない。年老いた人たちが、マイナス一〇度以下の寒空の下で、靴下などの不用品を手にぶらさげて売っていた。

インフレとは、物価の上昇でお金の価値がなくなることだから、実物を持っていた人はよかったかというと、そう単純ではなかった。たとえば不動産。「収入はなくなった。食べ物を買うための現金もない」と思って不動産を売ろうとする。しかし、不動産という代物はそう簡単に売れるものではない。急いで売ろうとすれば、当然足下を見られ、信じられないような安値になってしまう。では、金《きん》はどうか？　金はインフレに強く、しかも不動産と違って換金性にも優れているのではないか。しかし、私はロシアで多くの市民に聞いてみたが、誰に聞いても答えは決まっていた――「金は使えなかった」。その理由は、ニセモノが出回ったことだ。「金メッキ」とか「メッキがはがれる」という言葉があるが、確かにそれくらいのことは誰もが考えるだろう。仮にメッキでないにしても、金の含有量なんて専門の組織でなければわかりようがない。

では、有効だったのは何か？　外貨＝米ドルである。人々は自国通貨であるルーブルなど欲しがらず、誰もが米ドルを求めた。ドルを持つ一部の人間だけが強かったのだ。補足説明すれば、これはロシアに限ったことではない。過去に起きた国家債務危機を、一八〇〇年以降を中心とする膨大な長期データを収集し分析した大著『国家は破綻する』（カーメン・M・ラインハート、ケネス・S・ロゴフ著　日経BP社）。この本の中でも、高インフレが続いた国では、（取引手段、価値の表示手段、価値の保存手段として）いわゆる「ドル化」現象が起きることがよくあると指摘している。

ちなみに、「ドル化」という日本語表現の元は「ダラライゼーション」(dollarization）という英語であり、「ドル化」は経済危機時における国際常識なのだ。

アルゼンチン

突然、預金封鎖を実施

もともと政府債務が膨張していたアルゼンチンでは、あのロシア危機（ロシア政府が破綻し、国債がデフォルトを起こした）の影響が押し寄せてきた一九九八年秋以降、経済が変調をきたし実質経済成長率はマイナスが続いていた。アルゼンチン経済の最大の課題である財政再建を狙って増税策がとられたが、それが悪循環を引き起こした。二〇〇一年の夏には、金利高騰からついに国債による資金調達を断念せざるを得なくなった。

そうこうするうちに、景気の悪化によって失業率は一八・三％にまで上昇し、国民の不満は頂点に達していた。かくして一三〇〇億ドル（一六兆円）を超える公的債務を抱えて経済危機に陥ったアルゼンチンは、ついにかつてのロシア同様デフォルトの危機寸前の状況に突入し、全世界の注目を集めていた。

そして、いよいよ二〇〇一年一二月一日、アルゼンチン政府は預金封鎖を突如実施。国民が銀行預金から下ろせるお金は週に二五〇ドル（二万七五〇〇円）までと制限し、資本の逃避を防ごうとした。デラルア大統領（当時）が同日発動した緊急措置は次の通り。①銀行預金の引き出しは週二五〇ドル（二万七五〇〇円）まで、②デビットカード、クレジットカード、小切手の使用は制限しない、③海外送金は貿易を除き原則送金禁止（一部例外あり）、④銀行貸し付けはドル建てのみ。

これほどのことをしなければならない政府の借金は、先ほども述べた通り額はたったの一六兆円で、しかも国の経済規模と比べてみてもGDPのたったの半分なのだ。それに対して私たちの住むこの日本国の公的債務はついに一〇〇〇兆円を超え、GDPの二・五倍に達してしまった。

一〇年後の日本国の姿を暗示するように、アルゼンチンでは経済危機からお年寄りへの月四〇〇ドル（四万四〇〇〇円）の年金支払いが滞ってし

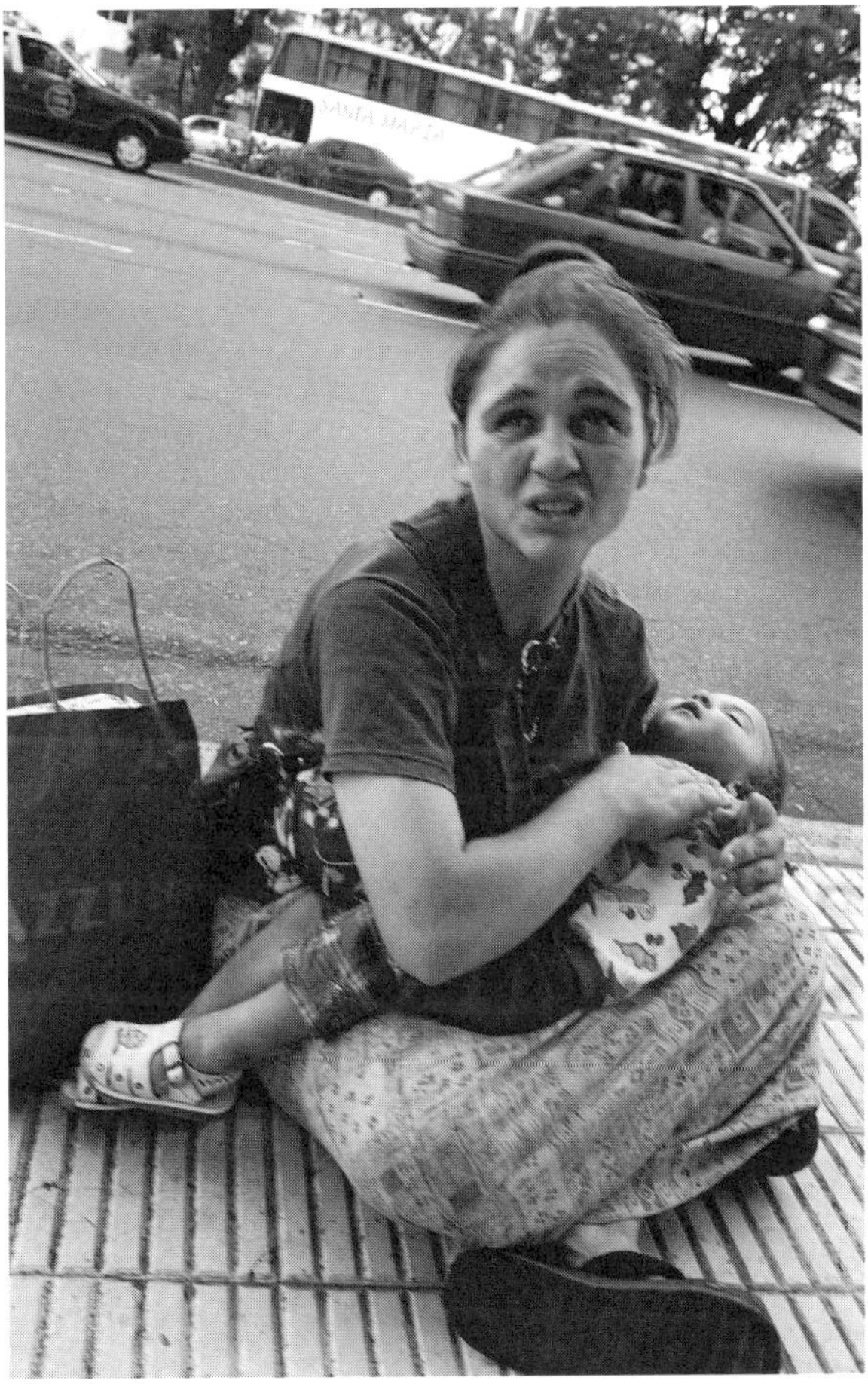

2002年1月、アルゼンチンのブエノスアイレスでは、子供を連れた若い女性が道端で物乞いをしなければならなかった。
（写真提供：REX/PPS）

まい、銀行の前には年金の払い戻しを受けようと不安そうに列をなす老人の姿があった。

このように、二〇〇一年一二月にアルゼンチンはインフレに耐えられなくなり、預金封鎖を断行した。預金封鎖によって国民の不満は頂点に達し、やがて爆発した。アルゼンチン全土で経済暴動が発生し、暴徒化した群衆が商店を襲撃し、商品を略奪するといった事件が相次いだ。店主が発砲し死者が続出したり、店を襲われて全財産を失った経営者が自殺するなど社会不安が広がった。混乱を収拾できなくなったデラルア大統領は、辞任に追い込まれた。その後も短期政権が多く、政治は安定を欠いた。このような状況で大統領になりたがる人などいないということだろう。

そしていよいよ一二月二三日、政府は「公的対外債務の一時支払い停止」を宣言。ついに、アルゼンチンはデフォルト状態に陥った。その後も混乱はなかなか収まらない。二〇〇二年六月には、半年前から実施してきた銀行預金凍結措置を段階的に解除することが発表された。しかし、国民はその内容を知るや愕然とする。なんと、預金を最長一〇年満期の国債に転換するというのだ。デフォルトした国の国債をもらって喜ぶ人などいるはずがない。この政策は当然、国民の反発を買い、上手くいかなかった。このような混乱、政策の迷走も国家破産を象徴するものの一つだ。

ネズミ、カエルで飢えをしのいだアルゼンチン市民

さて、アルゼンチンの市民の生活は実際のところどのようになったのだろうか。アルゼンチンでは、ロシアとはまた異なる、驚くべき出来事が数多く起きている。

二〇〇二年七月一九日付の朝日新聞には、なんと銀行が質屋を始めたというニュースが掲載されている。生活に困った市民が持ち込んだ質草で、銀行が質屋を営んでいるというのだ。店内の陳列棚には銀食器、時計、宝石などの高価な品々、さらにはバイオリンや家具といったものまで所狭し

と陳列してある。店舗の外観からしてとても銀行には見えない。しかも、こうした品々を競りにかけるためのオークション業までやっていた。質屋の受付窓口は連日、順番待ちのお客で溢れかえっていたという。

九〇年代からの経済の混乱により、多くの労働者の給料は下がった。その一方で、国家破産に伴うインフレにより物価は上昇していった。そのため、多くの人たちが極めて苦しい生活を強いられた。貧困層の年間所得は一〇〇〇ドルにも満たなかったそうだ。当然、物乞いをする人も多かった。少しでも同情を買うため、子供に物乞いをさせたり、女性が借りてきた赤ちゃんを抱いて物乞いをするといったこともあったという。

インフレは、貨幣価値の下落を意味するから借金をしている人間に有利と言われるが、それは価値の下落する通貨、つまりペソ建てで借金をしている場合の話である。アルゼンチンでは、借金を抱えた人間は死ぬ目に遭った。当時のアルゼンチンでは、住宅ローンや自動車ローンの約八割がドル建てで契約されていた。一ドル＝一ペソの為替相場が一ドル＝四ペソ近くまで下落したわけだから、支払い負担は四倍近くになったということだ。日本円で考えてみよう。仮に三〇〇〇万円の住宅ローンを組むとしよう。このローンを一ドル＝一〇〇円の時にドル建てで組むと、三〇万ドルのローンを抱えることになる。それがある時、円が暴落して一ドル＝四〇〇円になったとすると、円ベースで見た支払額は四倍の一億二〇〇〇万円になってしまうわけだ。このようなことがアルゼンチンでは起きたのである。

同じく朝日新聞の二〇〇二年六月六日付には「ネズミ・カエルで飢えをしのぐ」という記事が掲載された。経済危機の下、食糧難が深刻化し、貧困層の人たちの中には、馬やカエル、ネズミなどを食べることを余儀なくされた人たちがいたのだ。ロシアと同様、治安が極度に悪化し、強盗事件や殺人事件が増えた。特に、郊外の家は強盗に遭うリスクが高い。そのため多くの家でピストルを常備していたという。また道路の維持管理が十分になされないため、道路の状態が悪くなっていった。そのため、パンクの修理屋が非常に多かった。

二〇〇一年の夏頃からは、疑似通貨が流通し始めた。子供銀行の紙幣のようなちゃちな印刷の債券だ。元々は国や地方政府（州）が公務員の給与支払いのために発行したものだが、人の手から人の手へと瞬く間に広まっていった。当時、アルゼンチン国民の誰もが持っていたものだ。買い物をするにも、半数以上の人はペソではなく、この債券を使っていたという。ある店の店員の中には、給料がすべて債券での支払いになってしまった人までいた。

首都のあるブエノスアイレス州では、州が独自に発行する債券を公務員の給与の支払いの他に、納税や公共料金の支払いにも使えるようにした。こうしてあっという間に債券は「第二の通貨」として広まり、ほとんどの市民が利用していた。このように複数の通貨が混在する異常事態は、アルゼンチン経済をますます混乱させていった。

毎週日曜日には、空き倉庫を利用し「物々交換マーケット」が開かれた。

そこでは通貨に代わり「クレジット」と呼ばれる単位が価値をはかるものとして使用され、カードで物々交換のためにやりとりされていた。たとえば、小型テレビが三〇クレジットで、古着のコートが五〇クレジットといった感じだ。このように、当時のアルゼンチンには〝何でもあり〟の不思議な世界が出現したのである。

ジンバブエ

闇の両替屋、闇のマーケットが横行

次に、今からほんの八年ほど前にアフリカのジンバブエで実際に起きたことを詳しく見ていくことにしよう。ハイパーインフレがいかに経済のインフラを破壊し尽くすか、ここにすべての答えがある。

ハイパーインフレに陥った場合、その国の通貨は価値が急速に失われて

いくことになるので、普通は米ドルなどの外貨へ交換して資産の目減りを防ごうという動きが起きる。つまり、持っている自国の通貨を外貨に両替して、財産を守ろうとするわけだ。しかしジンバブエでは、米ドルを含めて外貨を国内で持つこと自体が違法であった。特別な理由がない限り、ジンバブエ国内で外貨を保有することが許されなかったのである。経済が混乱していない平時であれば特段に問題はないが、ハイパーインフレの時にはこれが混乱に拍車をかけることになった。ジンバブエ国内に住む一般市民の人たちは、インフレが止まらなくなってくると自然に外貨を求めるようになったが、違法であるために公には外貨を獲得することができない。

そこで出てきたのが「闇両替屋」である。隣国の南アフリカなどから米ドルや南アフリカランド（南アフリカの通貨）を調達してきてジンバブエ国内に持ち込み、政府発表のジンバブエドルのレートの四〜五倍のレートで取引するのである。政府発表レートよりも四〜五倍高いといっても、米ドルなどの外貨に換えておかなければすぐにジンバブエドルは紙キレ化し

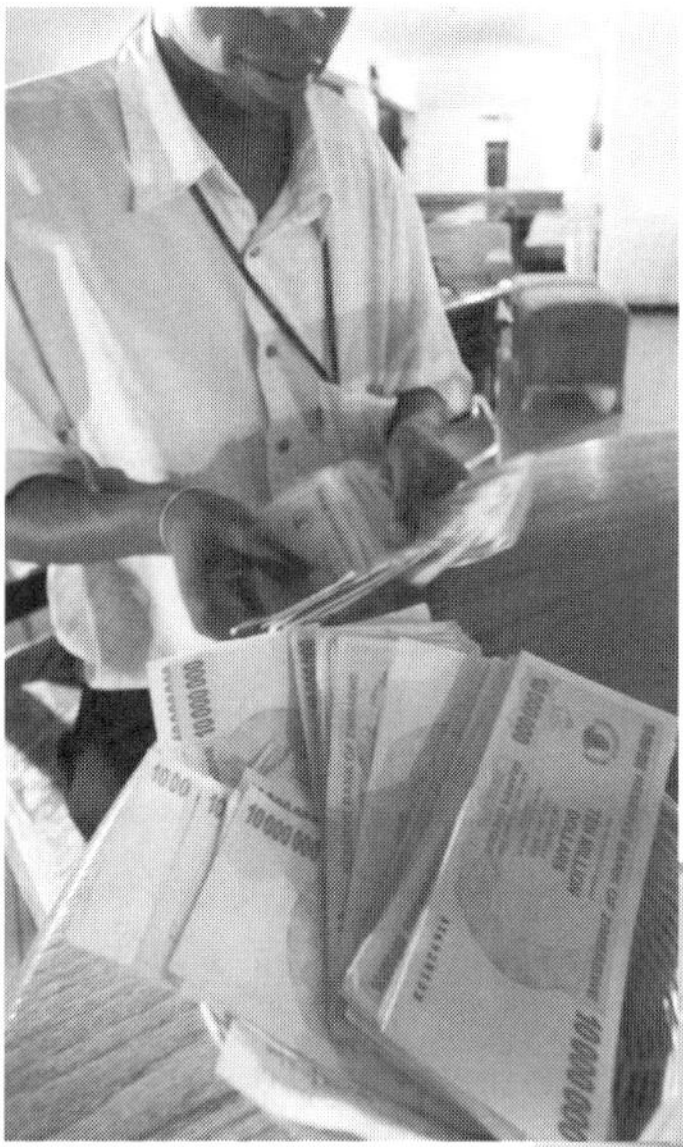

ハイパーインフレに突入したジンバブエでは、お札の価値があっという間に急落していった。パンーつ買う時でさえ、大量の札束を抱えていかなければならなかったのである。
（写真提供：
左　毎日新聞社
右　AP/アフロ）

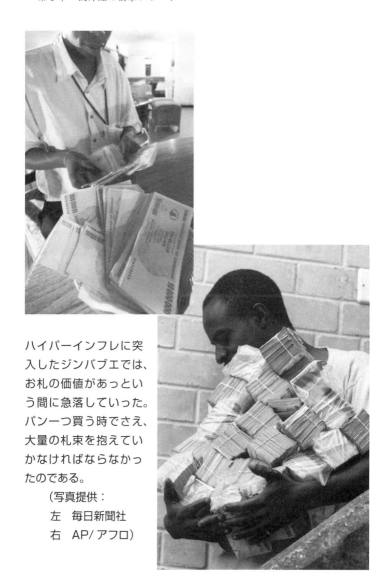

ていくので、みんな闇での両替をせざるを得ないのである。両替局という政府の機関もあったが、すぐに機能しなくなってしまったらしい。「ストリート（路上）が銀行になっていた。今じゃ誰も（本物の）銀行なんて信じてないよ」ということである。

闇両替屋が出てきたといっても、外貨は常に不足していた。逆に外貨からジンバブエドルに両替する時も、ジンバブエ国内の紙幣不足から一〇〇米ドルなどを両替しようとすると大量のジンバブエドルが必要になり、両替しにくい状態にもなっていた。外貨に換えるのも大変だが、外貨からジンバブエドルに換えるのも大変、という状態である。ハイパーインフレによる混乱は、ただ通貨価値が下落するだけではないのである。

また、商売をする方としてもジンバブエドル建てでは商売ができなくなってくる。インフレが激しいので、ジンバブエドルでモノを売ったとしても、手に入れたジンバブエドルがどんどん価値を失っていってしまうからである。しかも、毎日値段を変えなければならなくなるし、日によっては午前と午後で値段を変えざるを得ない日もある。インフレを見越して最初から高い値段を付けたりもするのだが、ますます混乱するばかりでどうにもならない。そうなってくると、米ドル建てで商売するしかなくなってくるのだが、ジンバブエでは違法なので表立ってはできない。

そこで、闇両替で米ドルを手に入れた人たちを相手に、米ドル建てで商売をするようになっていく。たとえばスーパーであれば、商品を店頭に出すとジンバブエドルで値付けしなければならないが、それでは商売にならないので店頭には出さずに米ドルを持っている人に対して隠れて商売するのである。ジンバブエドルしか持っていない人には仕方なくジンバブエドル建てで売ることもあるが、ハイパーインフレがある程度進行してくると、基本的には裏で米ドル建てで商売するのが当たり前になったという。つまり、闇市（ブラックマーケット）である。店頭からモノが消えても闇市にはそこそこ品物が揃っていたという。米ドルさえあれば、多少生活は不自由になっても困窮することはなかったのである。まさに〝神頼み〟ではなく、〝米ドル頼み〟である。

ある電気屋によると、新聞に広告を出す時に米ドル建ての値段を載せると、警察や政府に厳重注意されたという。そして、その監視がだんだんと強くなっていき、米ドル建てで商売する人を捕らえるための秘密警察までできたという。実際に捕まってしまう人もいた。また、カバーの仕立て業者が言うには、「ポリス（警察）に見つかったら、そこで米ドルも品物も全部没収さ。気が休まる暇がなかったよ。それでも米ドルで商売するしかなかったんだよ。しまいには通りで四～五人で話しているだけで、ポリスが職務質問してくるんだよ。日本人には信じられないだろう？」というような状態であったらしい。広告を出して注文が入ったら、相手が米ドルを持っているか確認して、持っているなら相手の家まで届ける振りをして、誰も見ていないところで商売していたというのだ。ハイパーインフレだけでなく、警察にも怯えながら商売するありさまで散々である。

もともとこのカバーの仕立て業者は、南アフリカから材料を輸入して商

０の数が 14 個という
とんでもない高額紙幣である。

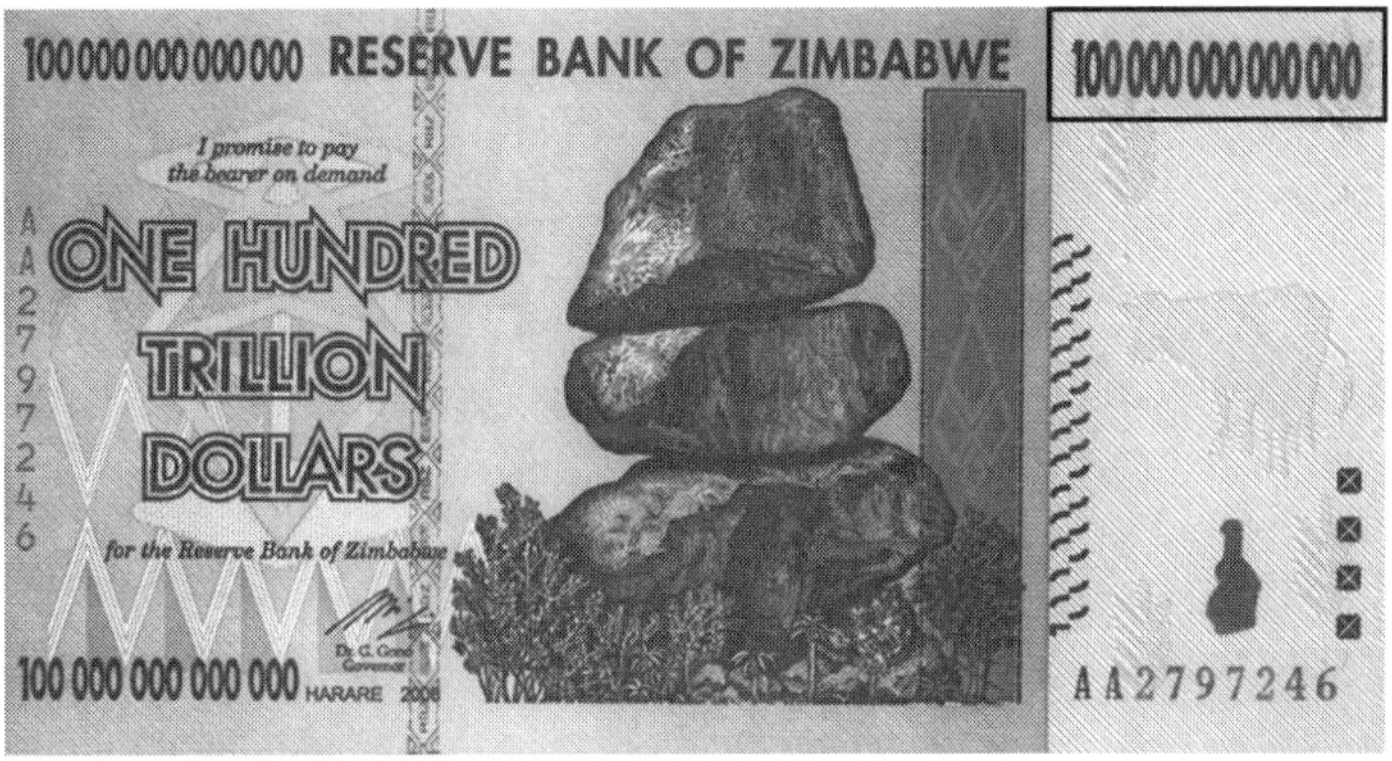

ジンバブエ政府が最後に印刷した 100 兆ジンバブエドル。これほどの高額紙幣を発行してもインフレ率に追いつかないため、この直後にジンバブエ政府は自国通貨を放棄し、ドルの使用を認めざるを得なくなった。

売をしていた。しかし、ハイパーインフレによって輸入が困難になってしまったので、商売を続けるために南アフリカまで直接出向いて材料を買い付けてくるようになる。だが、堂々とジンバブエ国内で外貨を持つことはできない。そこで闇市や闇両替でコツコツと米ドルや南アフリカランドを貯めて、ある程度貯まったら車で南アフリカまで行ったそうだ。言うのは簡単だが、とても苦労したという。何よりも、南アフリカへ行くためのビザの申請が大変だったという。ジンバブエは経済が破綻してしまったので、多くの人が出稼ぎや逃げ出そうという気持ちから南アフリカを目指し、南アフリカ大使館へと殺到していたからである。その待ち時間が桁違いで、長い時は一週間くらい待たされたようだ。そのため、ビザの取得を代行する業者まで現れたという。

そして、南アフリカへと出て行ったジンバブエ人の数には度肝を抜かされる。ハイパーインフレによる混乱や困窮から逃れるために、どのくらいの人が南アフリカへ流出したかというと、なんと三〇〇万人だそうである。

ジンバブエの人口はもともと一二〇〇万人ほどであったから、実に四分の一ほどの人が隣国へ出て行ってしまったことになる。さらには、南アフリカ以外の国へと出て行った人々も二〇〇万人ほどいるという。

ハイパーインフレによって経済が崩壊するだけでなく、人口まで減ってしまったのだ。人口の四割以上＝半分近くの人々が、祖国を見捨てて外国へと出て行ってしまった。ジンバブエでは二〇〇八年に選挙が行なわれたのだが、その時も投票にくる人の数が異様に少なかったというのである。しかも、様々な分野で人材が流出してしまった。政府からインフラ関係の依頼をされていた企業でも、あらゆる分野のエンジニアがいなくなるか、もしくは失業した。それが、インフラを維持できなくなった原因の一つにもなった。

札束でパンを買う

ハイパーインフレによりお札のゼロが増えすぎて、銀行システムの想定している桁数を超えてしまい、中央銀行のコンピュータに動作トラブルが発生したそうだ。普通は「一〇〇〇億ジンバブエドル」などという、子供銀行のおもちゃ紙幣のようなものを扱うことは想定していないだろう。兆の上の桁である京《ケイ》や、さらに上の垓《ガイ》などという桁は天文学的数値であり、銀行で扱うことをもともと想定していない。どのみち、桁が大きすぎて市民の間でも混乱があったのは間違いない。というのも、スーパーでおつりの桁を間違えたりするのである。日本で買い物をして一〇〇円と一〇〇〇円のおつりを間違える人はいないが、ジンバブエでは一〇〇万ジンバブエドルと一〇〇〇万ジンバブエドルのおつりを間違えたりしたらしい。しかも毎日のように値段が変わるので、値段の感覚がずれてきて計算ができな

ジンバブエの首都ハラレの中心街で物乞いをする老女。かつてハラレはアフリカでもトップクラスの大都会だったが、国家破産で荒廃し多くの国民が没落し、全財産を失った。　（浅井隆撮影）

くなってしまったそうだ。

日本ではごはんやパンが主食だが、この国ではミルミルというおかゆのようなものが主食である。その主食であるミルミルが欠乏していた時に、南アフリカから運んできて売っている人たちがいた。国境を越えて商売していたから「クロスボーダートレーダー」などと呼ばれていた。クロスボーダートレーダーの組合まであったそうだ。ある主婦も、そのような人たちが持ってきた商品を買ったことがあるそうだ。そこで買ったミルミルを調理してみると、煮込む時間が通常より短くて「あれ？」と思った。しかも仕上がった量がなぜか少ない。とりあえず食べてみると、異様な味がしたらしい。吐き気をもよおすような薬品の臭いと、異質な食感が口の中に広がった。色も自然ではない。よく袋を見てみると、なんと「一〇歳以下の子供は食べるな」と書いてあるではないか。一〇歳以下の子供が食べて害があるようなモノを、大人だからといって食べてよいはずがない。しかし他には何もなく、あまりに飢えていたので食べるしかなかった。とても食べる気にはなれないが、モノ不足からそういった粗悪品が出回るようになっていたのである。悲惨の極みとしかいいようがない。

二〇〇八年は、あらゆるモノが本当に欠乏していたらしい。生活必需品がまったく手に入らない状態だったのだ。洗剤も歯磨き粉も普段使っているものが手に入らない。また、モノがどんどんなくなっていき値段も高くなっていくので、お金に余裕のある人は生活に困らないように次々に買い溜めをするようになる。それがモノ不足に拍車をかけた面もあった。

もちろんガソリンも不足した。ジンバブエでの移動は車が主流だが、ガソリンスタンドに行っても長蛇の列でなかなか入れられない。徹夜で並んでもガソリンが手に入らなかったりする。ある時、並んでも並んでもガソリンを入れられないので頭にきてしまい、銃を発砲する人もいたという。

お札の0（ゼロ）がどんどん増えていく

制御不能のインフレのせいで次々に発行されていく、ゼロがいくつも並んだ高額紙幣は、やがて期限付きでしか使えないクーポン券みたいなものになった。たとえば、「2008—12—31」というように使える期限が印刷されている。それでも次々にゼロが増えていくので、どのみち期限が来る前に使い物にならなくなっていく。どうにもならない。

手元に残るそれらの高額紙幣には、一枚一枚に苦しい思い出が残っているとある学校の先生は言っていた。一日ももたなかった紙幣もあるようで、翌日にはほとんど無価値になっていた時は絶望的な気分になってしまったという。先生の給料は銀行振り込みだが、価値のないものが給料として振り込まれてくるようなものだ。それを下ろすために、一日かけて銀行に並ぶのである。しかし、下ろしてもパンも買えなかったりする……。本当にどうにもならなかったという。

先生は何のために働いているのかがわからなくなったらしい。自分の一ヵ月は一体何だったのか？　と。戦争でもないのにこの苦しみと痛み、最後には自分の給料は無価値になっている、そして怒りを覚えたそうだ。ジンバブエドルを見ると、その時の苦しさを思いだすという。

また、ある時先生は田舎に住む両親のことが気がかりで、お金を届けたことがあるそうだ。田舎に住む両親は、息子がやけに大きい金額のお金をくれたと思い喜んで大切にしていた。しかし先生が首都ハラレに戻ってくると、すでに次の高額紙幣が発行されていたのだ。その時、先生は非常にがっかりしてしまった。そして両親がお金を使おうと思った時には、先生の渡したお金はほとんど無価値になってしまっていたのである。その時の悔しさや怒りは、忘れられないという。

まともな医療も受けられなくなった

ハイパーインフレによって政府が形骸化して、社会インフラが維持できなくなったわけだが、医療も崩壊してしまった。もともとジンバブエは、医療体制や保険もしっかりした国だった。低所得者には診療が無料というところもあったくらいだ。しかし政府系の公的な病院がほとんどダメになり、教会関係の病院だけが辛うじて運営できている状態だったという。何よりも、医薬品の不足が極めて深刻であった。病人に与える薬がないのだ。

さらに社会が混乱していく中で、医者のモラルも低下してしまったらしい。病院の数が少なすぎるので、いつでも病院には診察待ちの長蛇の列ができている。診察を受けるまでに何日もかかってしまう。そこで医者は待っている人に対して個人的に診てやると言うのだが、そこで法外な診察料を請求するのだ。

ここまでくると、国内は完全に二極化している。ハイパーインフレを回避できた層と、その津波に巻き込まれてすべてを失った層である。

ハイパーインフレが終息するしかない。ハイパーインフレに陥っている通貨そのものを切り替えるためには、デノミでは効果がなく、通貨そのものを別のものに替えなければならない。ジンバブエでは、インフレに対処するためにデノミを三回行なっている。二〇〇六年八月に三桁、二〇〇八年に一〇桁、二〇〇九年二月に一二桁のデノミを行なったが、インフレは加速するばかりだった。ハイパーインフレとは通貨の死であるから、今までと同じものを使おうとしてもインフレは収まらないのだ。それまで使っていた通貨を捨て、別の通貨を使う以外に方法はない。ジンバブエの場合、最終的にジンバブエドルは発行停止となり、米ドルがジンバブエ国内に流通するようになってようやくハイパーインフレの嵐は終息したのである。

そしてそこに残ったものは、後遺症に苦しむ経済と決定的な二極化である。

ギリシャ

不動産には特別財産税をかけられるおそれがある

ギリシャはつい最近破産したばかりの国家だが、二〇一五年六月の銀行封鎖（バンクホリデー）は記憶に生々しい。しかし、その話はロシア、アルゼンチンの例でおよそ察しが付くので特に目新しいものはないが、むしろ次の話は今後の日本を考える上で参考になるので取り上げておきたい。

現在、ギリシャの富裕層は自分が住んでいる家や国内の別荘などをどんどん売りに出しているのだそうだ。その理由は「不動産特別税」だ。保有する土地と建物に固定資産税とは別に徴収される税金で、富裕層が所有する不動産には特に重税になっているとのことだ。あまりに税金が高いため、不動産を持っていると資産を食いつぶされるということで富裕層の邸宅が売りに出されるのだが、これがまったく売れないという。それもそうであ

苛酷な財産税（不動産特別税）によって、ギリシャの富裕層は次々と豪邸を手放そうとしている。しかし、誰も買ってくれない。
（第二海援隊特派員撮影）

る。今買えば、もれなくとんでもなく高い税金を毎月徴収されるのである。そのため、今売りに出されている大邸宅のほとんどが売買が成立せず売れ残っており、その間にも高い税金を払わされ続けているという話だ。

もしかすると、日本も国家破産状態になった時に不動産に重税をかけてくることがあるかもしれない。そうなれば、このギリシャの富裕層の邸宅のように、売るに売れず税金だけ取られ続けることにもなりかねない。ギリシャのような状況を考えれば、不動産で資産保全を考えている人にはすぐには換金できないという流動性リスク以外に、法外な財産課税という側面もあるのである。相当な注意が必要だろう。

日本も例外ではない

こうして、つい最近破産した国々で実際に起きた出来事を見てきたわけだが、あなたはどう思われたことだろうか。「こんなヒドイことがこの日本で起きるはずがない。これはあくまでもどこかの遠い国での出来事にすぎない」――ほとんどの方はそう思われたに違いない。確かに数年前まではそう信じていてもよかった。しかし、この三、四年で事態が変わった。アベノミクスの登場である。

中央銀行である日銀に何でもありの手を打たせた結果、この国の財政と金融をめぐる状況はほとんどの日本人が気付かぬ間に、深刻なレベルに至ってしまった。私たちは引き返し不能地点にもうすぐ到達しようとしている。日本人は今、アベノミクスという名のバスに無理矢理乗せられてしまっている。このバスの乗り心地は極めて良いのだが、一部の乗客だけがその重大な欠陥に気付き始めた。制限速度をはるかに超えるすさまじいスピードで今のところ順調に走っているが、実はブレーキが壊れてしまってほとんど効かない状態になってしまっているのだ。二〇一六年初め、軽井沢の山の中でスキー客を乗せた夜行バスが道路から猛スピードで林へと飛び出し、多くの死傷者が出るという大惨事があったが、今の日本はその事故直前の状況にそっくりだ。ブレーキの効かないクルマほど恐ろしいものはない。

国家破産の全貌

徳政令の内容
預金封鎖は経済の大混乱時に実行されたことがあるが、あくまで短期的。
1994年に通貨の実際の価値を1000分の1にするというデノミを、1998年には預金封鎖を断行。
2001年に預金封鎖をしてデフォルト状態に。長期にわたり五月雨的に何回もデフォルト。
あまりの無茶苦茶なインフレに自国通貨ジンバブエドルを最終的に放棄。米ドルの使用を認める。
最近預金封鎖を実施。ＡＴＭの前に行列ができ、大騒ぎに。

現代における

国名	時期	インフレ率
トルコ	1970年～2000年頃	30年間年平均100％のインフレ率が続いた
ロシア	1991年～2000年頃	3年間年率7000％のハイパーインフレ
アルゼンチン	2001年頃(ただし20世紀に6回デフォルト)	時折数十％のインフレ
ジンバブエ	2008年前後	1、2年で1兆％という天文学的インフレ
ギリシャ	ここ数年	ユーロに加入しているためひどいインフレからは免れている

ではここで、日本の財政についてわかってきた重大な事実を八六〜八七ページの「浅井隆の衝撃レポート」という形で読者の前にご披露したいと思う。この衝撃の事実を、皆さんはどう思われるだろうか。国家破産がやってくれば、ハイパーインフレ、すさまじい円安、徳政令（預金封鎖、とんでもない額の財産税）、大不況がやってきて、国内は未曾有の大混乱となり、その結果、極端な二極化（一部の生き残った者以外は超貧困層という有り様）、治安の悪化、優秀な人材と企業の海外流出、人口減少という悲惨な結末がやってくる。そして最終的には政治の右傾化が進んでヒトラーのような独裁者が登場して、戦争の時代が到来するだろう。まさにロシアがそうであり、プーチンは国家破産の申し子なのだ。トルコでも最近独裁的大統領が登場して、国内の弾圧を繰り返している。

将来、私たちはアベノミクスとは何だったのかと自問せざるを得ない羽目に陥るだろう。第一弾のアベノミクスにおける「三本の矢」のうち本当にやるべきだったのは三本目の「構造改革」だったが、結局官僚や体制維持派の抵抗の前になしくずしの形となってしまった。というよりも、本来安倍政権には構造改革を本気でやろうという気はなかったのだ。だから日銀を使っての異次元緩和という麻薬を大量投与して、その間に景気回復とインフレ達成によって何とか逃げ切ろうというのが本音だった。

確かに異次元緩和によって金利は下がり円安となったので、トヨタを中心とする輸出企業はおおいに儲かって大企業は増収増益となり、税収もかなり増えて借金の増加スピードも大分下がった。経済の本質を何も知らない人ならば、「これで借金の問題も何とかなるだろう。失業率も下がったし、日本は成長を始めたんだ」と思い込むことだろう。しかし、どっこいそうはいかないのだ。残念ながら麻薬は所詮麻薬で、その副作用はこれからジワジワ効いてくるのだ。

麻薬は一度打ったら止められなくなる。そしてその麻薬さえ効かなくなってきたのだ。二〇一六年に入って日銀が何をやっても市場が反応しなくなってしまっている。そしてついにあの「ヘリコプターマネー論」の登場である。日銀が直接国債を買い取って、それで政府が得たお金を直接国民にバラ撒くというのだ。事態はそこまで切迫してきている。国家による壮大なごまかしも、いよ

——最近わかってきた驚くべき事実

5 財政学者たちの話を総括すると、オオカミ（国家破産）は必ずやってくる。しかも、破産した国家は“暴力装置”になる。借金を減らすためにを何でもやる。

6 やはり、必ず「円安」と「インフレ」になる。

7 日本の財政の状況を一言でいうと、「ガン」。しかも、転移が始まったところ。まさにギリギリの状態で、今すぐ手術（大改革）をやれば助かる可能性もあるが、時間的猶予はあと3、4年。それを過ぎれば、もはや「手遅れ」。しかし、今の政治状況では恐らく改革は無理だろう。ということは……。

8 徳政令をやるスキームはすでに整っている。

9 もう個人としては自己防衛するしかない。その際の方法としては、海外に資産を移すしかない。海外口座、海外ファンドがよい。

浅井隆の衝撃レポート

1 日本の財政について専門的に研究している学者たちはこの国の財政を「もうどうしようもない状況」と本音では思っている。

2 何人かの財政学者は「現在の政治状況が続けば、日本国政府は99％の確率で破綻する」と考えている。

3 このままでは必ずインフレがやってくる。ただしインフレを国民に対する一種の税金と考えると、この「インフレ税」には限界がある。そのため、インフレのみによる解決は無理で、何かしらの徳政令をやる可能性が大きい。財産税をかけることも十分考えられる。

4 学者の机上の計算ではこの国の借金は今の状況が続けば、2030年までもつことになっているが、現実は違う。外的要因（たとえば、円安、米利上げ）があれば、日銀が国債をいくら買ってもダメで、2025年までもたない。

いよ時間切れのトキを迎えようとしている。

結局はこういうことだ。アベノミクスとは、ガン患者を前に手術する振りだけして麻酔を大量に打って、肝心の手術は「本人が痛がるからしていない」というものだ。患者は麻酔（＝麻薬）のせいで気分が良くなって回復したような気になっているが、ガンは逆に体中に転移を始めている。この患者は、あと何年もつだろうか。

はるか将来、世界中の財政学者たちが「アベノミクスが財政危機を加速させ、破綻の原因を作った」という結論を出しているかもしれない。かつて人類の歴史上、借金で成長した国家は一つもなかった。アベノミクスは究極の亡国策である可能性が高い。国が破産してしまえば安全保障も不可能となるわけで、まさにアブハチとらずの結果となってしまう。

この章の最後に、今から七〇年ちょっと前の終戦直後の「徳政令」によって人生が一変した人の話を取り上げて、国家破産の結末に思いをはせることにしよう。

昭和二一年の預金封鎖によって国民がどれほどひどい目にあったかを、岩波書店が最近発刊した『人びとの戦後経済秘史』は次のように克明に記している。少し長くなるが、ここに引用したい。

「預金封鎖が父を変えてしまった」　（八王子の内田イネ）

破綻国家のツケ重く

終戦でモノ不足、食料不足とともに日本人を襲ったのが、戦後のツケであるハイパーインフレである。一般の人が苦しんだのはもちろん、紙幣を供給する企業や農家も巻き込んでのドタバタは、「お金」という国家の礎の信用が失墜することの恐ろしさを見せつける。

疲弊国民に追い打ち――インフレと預金封鎖

紙幣の洪水だった。

日銀各店舗に持ち込まれた札に、職員らが金額の描き込まれた証紙をのり付けしていく。東京の本店で働いていた間《はざま》光子（八六）は、貼り終えた札を束ねるのに忙殺されていた。窓口は人でごった返し、札は次々押し寄せる。街の混乱を肌で感じた。

終戦から半年後の一九四六（昭和二一）年二月一六日。政府は電撃的に翌日からの預金封鎖を宣言する。

預金が引き出せるのは新しいお札で一人一か月一〇〇円（世帯主は三〇〇円）までに制限される。旧札は強制貯蓄させ、持っていても三月二日限りで「ただの紙切れ」に変わる。世の中に出回るお金の量を強引に減らす策だった。

全紙幣を一〇日余りで取り換えるのは前代未聞のことだった。政府の新札印刷は追いつかず、証紙を貼った旧札までも新札とみなした。のりの質が悪く証紙ははがれ落ち、「無効になる」と、持ち主を慌てさせた。

「政府が乱暴な政策をするのは悪性インフレの病気を治すためです」。

蔵相の渋沢敬三はラジオで国民に理解を求めた。

インフレは危機的だった。食料や工業生産は壊滅的な打撃を受け、物が足りない。戦時中に日銀が国債を引き受けて発行した紙幣は戦後、市中にあふれ返り、消費者物価は日中戦争前と比べて五〇倍になった。終戦時一〇キロ六円だったコメは半年後三倍になった。

＊　　＊

だが、大蔵省（現・財務省）の記録からはインフレ対策とは別の政策意図も浮かび上がる。

「（日本国民は）昨日まで一億人戦死と言っていた。皆いっぺん死んだと思って、相続税を納めても悪くないじゃないか」。渋沢は大蔵省幹部とそんな言葉を交わしていた。日本には一〇〇〇億円超の巨額の国債残高が残されていた。渋沢は「国の再出発のためには借金をきれいにしなくては」と思い、意を受けて策を練ったのが後に首相となる主税局長の池田勇人だった。

国民の財産を正確にはかるため、家庭にある紙幣を預け入れさせる。たんす預金を防ぐため、旧円を無効にする。把握できた預金から財産税を徴収する——。一網打尽の作戦だった。

＊　＊

引き出し制限の間にもインフレは進み人びとの貯金は実質無価値になった。強権発動になすすべもなかった。

東京都八王子市に住む内田イネ（七七）は「預金封鎖が父を変えてしまった」と言う。雪深い青森県で育ったイネ。漁師の父親は酒もたばこもやらず、こつこつ貯金し続け、「戦争が終わったら、家を建てて暮らそう」と言っていた。

だが、預金封鎖で財産のほぼすべてを失った。やけを起こした父は海に出なくなり、酒浸りに。家族に暴力も振るった。イネは栄養失調で左目の視力を失い、二人の弟は餓死した。イネは当時を思い出すといまでも涙がこぼれる。

「戦争が終わってもまだ、飢えという別の戦争が続いていた」結果的に債権返済には財産税では足らず、生産力不足でインフレ対策も一時しのぎにしかすぎなかった。

戦争で疲弊した国民にさらに傷痕を残した預金封鎖。日本総合研究所上席主任研究員、河村小百合は「債務のツケは必ず国民に回ってくるとの重い教訓を残した」と語る。

（『人びとの戦後経済秘史』東京新聞・中日新聞経済部編　岩波書店刊）

第二章　激論!!　日本は本当に破綻するのか!?（前半）

小黒一正vs浅井隆

★王様は裸だった！

浅井　私は、もう二〇年近く前から「将来、日本は破産する」と本に書いて警告してきました。当時から日本の国家財政の状況をジャーナリストとして調べ上げ、財務省関係者や当時慶應義塾大学の教授を務めていた跡田直澄氏そして土居丈朗慶應義塾大学教授などの財政学者に取材もしました。そして世界中の国家破産した国々を直接訪れその国で起こったことを調べ、どのように国が破産して行くのか、破産した国ではどのようなことが起こるのかを徹底的に調査しました。

そして、日本が破産した場合に起きることとその対策を、会員制のクラブを作って伝え、指導もしてきました。でも、多くの日本人はいまだに「日本が破産するなんて、あり得ない」と思っていますし、評論家の中にも「日本は破産しない。国債も日本国内で消化しているから大丈夫」という考え方の人がたくさんいます。挙句の果てには私のような考えの人は破綻論者と呼ばれ、オオカミ少年扱いです。

そんな中で、小黒先生は経済学者としてきちんとした研究に基づいて、数字の裏付けを持ちながら国の財政危機、そして日本国の破綻を警告されています。ぜひ、小黒先生に日本の財政が直面している本当の姿についてお話しいただきたいと思います。

そもそも、人間が他の生物と大きく違うのは、経済活動を営むことです。その経済活動の中でも一番重要なのは、財布の中身といいますか、家計のやりくりです。家計は、国家でいえば国家財政ですよね。個人レベルの家計でも、国家財政でも企業や組織の収支でもそうなのですけれど、何か経済活動をしようとした場合、そこが傷んでしまうと決定的なダメージになる。今の日本人は目の前でこれほどのこと、私に言わせるととんでもないことが起きているのに、ほとんどの人が気付いていていない。本や新聞、最近ではワイドショーでも国家財政の特集などは結構やっているのですが、そうしたものを見聞きしたとしてもほとんどの人が「まぁ、何とかなるんじゃないか」という意識のままですね。

小黒　やはり、自分のお財布ではないからでしょうね。財政は英語で「パブリック・ファイナンス」（公的な資金調達）と言いますが、国家財政は公的な、自分からちょっと離れた距離にあるものなので、どうしても認識が遅れてしまいがちです。もう一つは、いろいろな専門家の方々も一九九〇年代くらいから「危ない、危ない」という話をしてきたけれども、実際に危機は起こらなかったじゃないかということです。これは〝オオカミ少年〟になってしまう可能性があって、オオカミが現れるまでに時間がかかっている、危機が顕在化するまで時間がかかっているということです。その二つが、国民の国家財政についての危機意識の希薄さの原因なのではないかと思います。

浅井　その通りですね。ただ、先生もおっしゃっているように、すでにかなり危機的な状況ですよね。私も以前からそう思っていて、もう二〇年も警告しているのです。国家として存続できるかどうかというくらいの危機的状況に、もうすぐ突入するのではないかと憂慮しています。先生はそれに対してどういうご認識なのでしょうか。

小黒　確実に危機的状況であるかどうかは、断言できません。と言いますのも、スピードは遅いですが、政府・与党は財政再建を進めようとしています。また日銀も今、異次元緩和で二％のインフレ率を達成しようとしています。これが達成できれば、ある意味崖に向かって走っているような「財政の限界」というものを少し先送りすることはできます。

理由は単純で、所得税などの限界税率のブラケット（各税率の適用区分）は名目額で決まっており、インフレで名目所得などが伸びるとより高い限界税率で一時的に課税でき、税収増になるためです。税制改正でブラケットを見直されると、その効果は中長期的に消失してしまいますが、これは一種の財政錯覚（Fiscal drag）で「一般国民にとってのインフレは政府への所得移転を表し、増税と同じ効果をもたらす」ためです。しかし、二〇一七年四月の消費増税は先送りし、二％のインフレ目標についても先般、黒田日銀総裁の任期中には達成できない可能性が高いと宣言していましたが。

浅井　二〇一八年度頃までは達成できないと。ただ、いずれにしても今政府がやっていることを全体像として捉えると、それはやはり先送りですよね。

小黒　先送りです。ただ、二％のインフレが達成できても財政再建をしっかり進めなければ、いずれ財政は限界に直面します。また日銀は異次元緩和で長期国債を毎年八〇兆円も買い入れており、これは長期金利の上昇を抑制し、財政規律を弛緩させますが、いずれ金融政策も限界に直面します。

先般（二〇一六年九月下旬）日銀は異次元緩和を少し軌道修正しましたが、それでも長期国債を大量に購入しており、現状のままでは数年以内に国債市場で取引を行なう国債が枯渇する可能性があります。財政も金融政策も限界があり、どちらも抜本的な見直しを行なう必要がありますが、政治との関係もあることからそれは難しいかもしれません。

浅井　安倍さんの方針からいっても「なんでもあり」という感じですものね。

小黒　そうかもしれません。しかし金融政策の場合、日銀はあくまでも金融政策決定会合の各委員が自分の意見を持って参加し最終的な政策を決めるので、制度上、総理の考え方がどうであるかということとは一線を画しているとは思います。ただ、安倍総理はもしかすると三期首相を続けるかもしれないという話が出てきていますから、そういうことがまったく影響がないかというと、そ

消費者物価

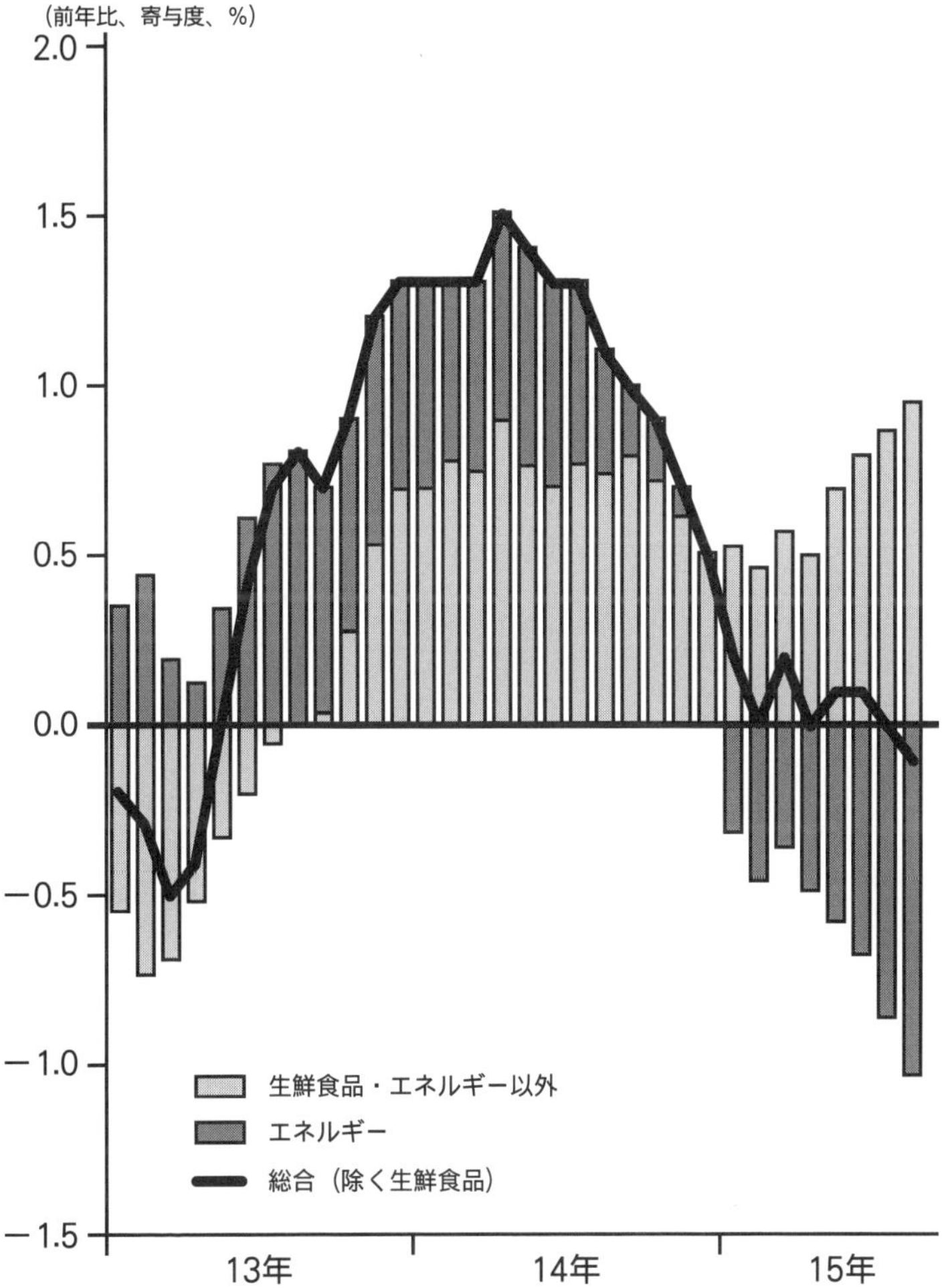

注：2014年4月の消費税引き上げについては、直接的な影響を調整（試算値）

総務省のデータを基に作成

うではない可能性もあるとは思います。

浅井　ただ、全体を大きな視点で見ると、私は先送りをしていると考えざるを得ません。今のままでは単に破綻の時期が遅くなるだけ。もし、本当に大改革をやって少なくともこれ以上借金を増やさないというのであれば何とかなるかもしれません。このまま借金を増やして行ったら、いつかは……。

小黒　いつかは破綻しますよね。それも、遠くない将来です。手術ができなくなる時期というのが、二〇三〇年くらいです。

浅井　二〇三〇年ですか。二〇三〇年までは計算上は一応もつと。ただ、本当に二〇三〇年までもちますかね？　何か少しでもあったら一巻の終わりです。

小黒　そこは市場や国民の「期待」にもよるのです。金融機関にも「期待」というものがあって、彼らは彼らで市場の動きを見ながら動きます。国債などの売買に関しても同様です。しかし、彼らもあくまでも仲介の機関に過ぎず、自らの期待のみでなく「国債をこれくらい買って欲しい」などというニーズに合わせて動いています。

たとえば、保険会社には販売している保険商品の資金運用や保険金の支払い要求のために国債を売買したいというニーズなどがあり、その具体的なオーダーを受けて証券会社などは国債の売買を行ないます。特に銀行などの金融機関では、預金者の預金を運用するという流れの中で国債を売買しています。これは自分たちで判断している部分もあるし、顧客がお金を入れてくるので買うという部分もある。市場に近いところでやり取りする金融機関のプロたちは市場の動向についてわかっていますが、外部の人たちがどれくらい本当にその危なさを認識しているのか。その情報のギャップのようなものが、良くも悪くも財政の限界を「延命」させているようにも思えます。みんなが「王様は裸だった」との認識を本当の意味で深めてしまった時にどうなるのかということです。

★借金がGDPの二五〇%あるということ

浅井　最近、日経新聞で日本国債の特集をやっていました。二〇一六年の夏には八月七日から全五回で一面で「敗戦後失われた預金」というタイトルの特集までありました。ここまで新聞でやったのは初めてじゃないかな。それを読むと、かなりすごいことが書いてあります。やはり今の借金の状況は異常で、インフレか徳政令みたいなことが起こっても不思議ではないと。あの『国家は破綻する』（カーメン・M・ラインハート、ケネス・S・ロゴフ著　日経BP社）を引用して、「今回だけは違う」というのは間違っているのではないかと。これは結構衝撃的な内容で、日経新聞がよくここまで書いたと思います。

小黒　英国との比較もしていますね。資料もきちんとしています。

浅井　結構大がかりな取材チームでやったみたいです。どう数字を見ようと、どう比較しようと、やはりこれは普通じゃないと思ったのでしょうね。どちらにしてもGDPの約二五〇％ですよね。国と地方合わせて。このGDPの二五〇％というのは、歴史的に見てどれくらいのレベルと言ってよいのでしょうか。

小黒　よく財務省が使うのは、家計の事例にたとえるケースですね。国のGDPは五〇〇兆円、GDPに対する債務残高は二・五倍の一二五〇兆円、国の一般会計は約一〇〇兆円（うち税収は約六〇兆円）です。ですから国の予算を家

日経新聞に連載された「日本国債」の特集

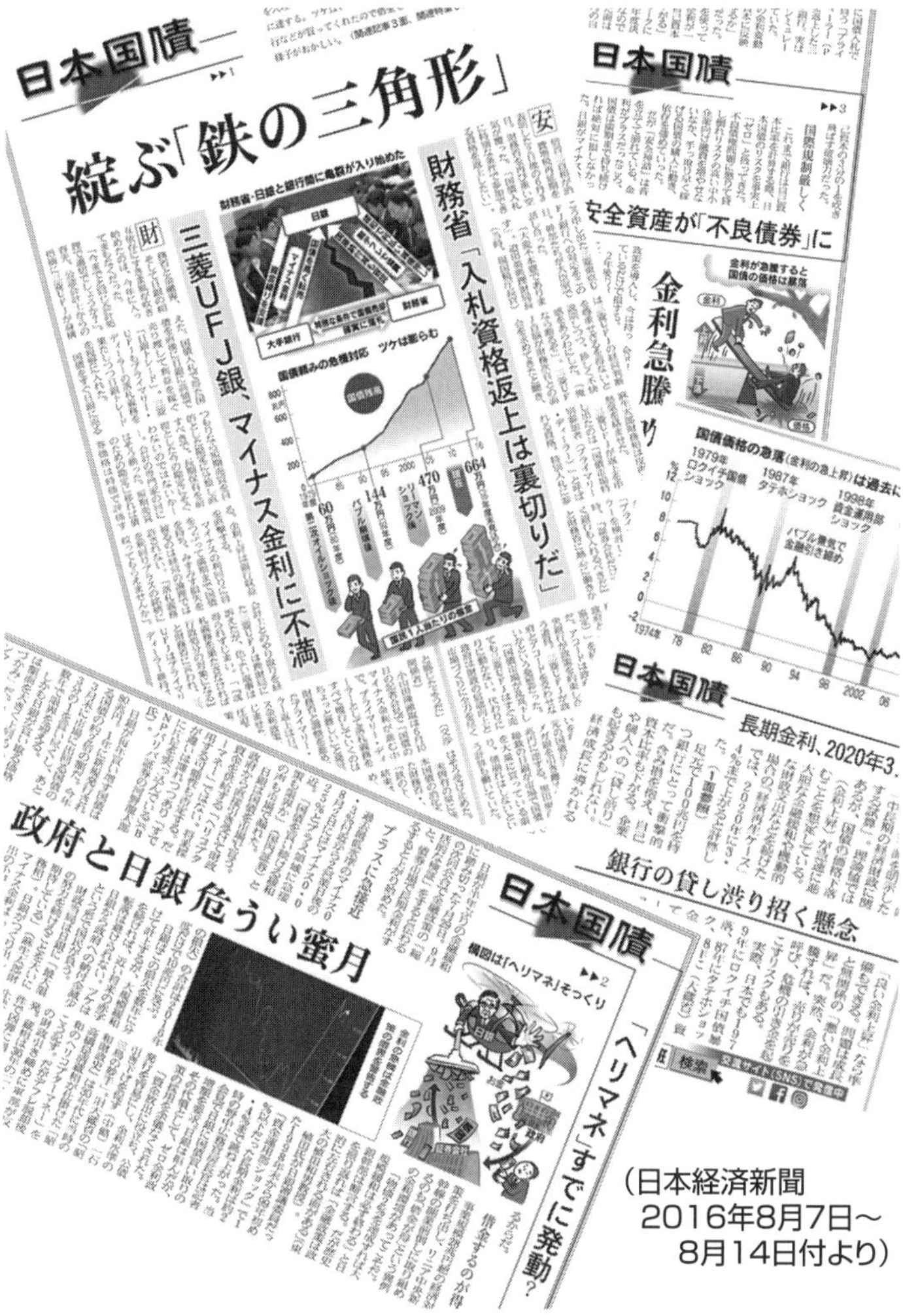

日本国債 ▶▶1

綻ぶ「鉄の三角形」

財務省「入札資格返上は裏切りだ」

三菱ＵＦＪ銀、マイナス金利に不満

日本国債 ▶▶3

安全資産が「不良債券」に

金利急騰

日本国債

長期金利、2020年3.

銀行の貸し渋り招く懸念

日本国債 ▶▶2

政府と日銀危うい蜜月

「ヘリマネ」すでに発動？

構図は「ヘリマネ」そっくり

（日本経済新聞
2016年8月7日～
8月14日付より）

計にたとえる場合、家計の給与収入に相当する税収は六〇兆円しかないものの、この家計の生活費は一〇〇兆円もあり、残りの約四〇兆円は借金をして生活している。すなわち、仮にわかりやすく家計の給与収入を年間六〇〇万円とすると、この家計の生活費は年間一〇〇〇万円で一億二五〇〇万円もの借金がある。こういうたとえをするのが一般的でしょう。

『国家は破綻する』でラインハート博士も言っていますけれど、これだけGDPに対する債務残高が膨れ上がった国というのは過去にそんなにはありません。イギリスではかつて二七〇%くらいまで債務が膨らんだことがありますが。

浅井　イギリスの場合は、IMFの発表ですと大体二六九%くらいですね（一六～一七ページ参照）。第二次世界大戦の翌年、昭和二一年ですね。その後、一種の金融抑圧でかなり長い時間をかけてイギリスは債務を解消したようなんですけれど。ただ最終的にはIMFの支援を一九七六年に受けていますね。

小黒　それは、いろいろな見方があると思います。いろいろな研究者が研究している本を読みますと、一般的にはイギリスは過剰債務を抱えていたものの、うまいやり方で乗り切ったとされています。労働党のドルトン蔵相という人が一九四五年くらいにイギリスの復興に尽力しました。「イギリスの復興のためには、資金を低利で産業界に流していく必要があるので、低金利政策を実行する必要がある」というような、うまい政治的な言い回しを使ったのです。

戦後の復興がなされていく中で当然、名目の成長率は高くなるわけです。金利は低く抑え込んで、他方で成長率は高くするという政策をとったのです。債務残高（対ＧＤＰ）という指標は、分母がＧＤＰで分子が債務ですから、ＧＤＰの成長率を大きくして債務の膨張に関係する金利などを極力抑え込めれば、必然的にこれが縮小して行くことになります。

浅井　倍率が減っていきますものね。

小黒　ただ、そんなにうまい話はありません。戦後の復興の中では当然、資金需要はかなり高くなるわけで、お金の回転が速くなれば当然インフレ率は高くなります。インフレ率が高くなれば、金利も上昇してしまう。そこで裏側で同時にとっていた政策は、信用統制（銀行信用の直接統制）で「今年一〇〇くらい貸しました。でも来年は一〇一しか貸せませんよ」という形でお金の貸し出しを制御したのです。表向きの政策だけならもっと経済成長できたけれども、裏側でそういう形で信用統制をしてお金を引き締めることによってコストが発生していたために、後々の英国病の原因になるという一面もありました。

浅井　つまり、必ずどこかにコストが発生するということですね。たとえば、アベノミクスに限らず九〇年にバブルが崩壊してからかなり景気が悪くなり、加えて金融危機にもなったので政府はいろいろなことをやりました。財政出動もしましたし。そういう中で国の借金が増えて行ったわけです。

そして、ここにきて、日銀が相当な量の国債を買っているわけですけども、それによって一時的に円安になって株も上がり、ちょっと前までは景気もそこそこ良くなって、税収も増えて。こう見ると、確かにアベノミクスはうまく行っているように見えるのですが、私はこのまま借金を増やして行けば将来、とんでもないしっぺ返しを受けると思うのです。そうなった時に初めて、それまでのコストをすべて国民自身が負担しなければならなくなります。そういう認識は正しいわけですね。

小黒　それは間違った認識ではないと思います。アベノミクスがうまく行っているように見える、もしくはうまく行っている原因というのはいくつかあると思いますが、一番大きな理由は〝景気循環〟だと私は思います。内閣府が二〇一五年の七月に公表した景気循環の判定があるのですが、元東京大学の教授の吉川洋先生、今は立正大学に移籍されていますが、吉川先生たちが判定した景気循環があります。直近ではそのサイクルで言いますと第一五循環になっていますが、このサイクルによりますと二〇一二年の一一月が底でした。

景気というのは一定サイクル、たとえば数年おきに変動しますが、過去の景気循環の変動を見ていると大体三六ヵ月（三年）が平均的なサイクルです。一一ページのサイクルでも第一四循環は六年くらいで例外的ですが、平均をとると大体三年サイクルです。二〇一二年一一月というのは民主党政権の末期で、そのあとに安倍政権が誕生しました。

浅井　じゃあ、安倍さんは運が良かったわけだ。

小黒　日銀総裁の交代時期とも重なり、いろいろな意味で運が良かったというのは間違いないと思います。

浅井　それとは別に、チャート上で見ても為替と株もちょうど安倍政権に交代する直前で大底を打っているんですよ。私は「カギ足」という江戸時代からある罫線の引き方で景気サイクルを研究し、トレンドを当てるおもしろい専門家を知っているのですが、その方から聞いた話ですとチャート上も二〇一二年一一月のちょっと前くらいが為替も株も底なのですよ。

小黒　それもある意味で、景気循環の変動の底と一致しているのだと思います。

浅井　同じですよね。もちろんアベノミクスによる効果もあったのでしょうけど、景気変動と相まって二倍、三倍の効果になって上がって行った。

小黒　当時はかなり行き過ぎた円高になっていた部分がありましたので、大胆な金融政策を掲げる安倍政権になってショック療法的側面もあり、市場が反応して為替が一気に円安に振れ始めた。それをさらに加速させるような政策として、二〇一三年四月に黒田総裁がいわゆる異次元緩和「黒田バズーカ」を撃つ

1951年以降の日本の景気循環

	谷	山	谷	期間 拡張	後退	全循環
第１循環		1951年6月(昭和26年6月)	1951年10月(昭和26年10月)		4ヵ月	
第２循環	1951年10月(昭和26年10月)	1954年1月(昭和29年1月)	1954年11月(昭和29年11月)	27ヵ月	10ヵ月	37ヵ月
第３循環	1954年11月(昭和29年11月)	1957年6月(昭和32年6月)	1958年6月(昭和33年6月)	31ヵ月	12ヵ月	43ヵ月
第４循環	1958年6月(昭和33年6月)	1961年12月(昭和36年12月)	1962年10月(昭和37年6月)	42ヵ月	10ヵ月	52ヵ月
第５循環	1962年10月(昭和37年6月)	1964年10月(昭和39年10月)	1965年10月(昭和40年6月)	24ヵ月	12ヵ月	36ヵ月
第６循環	1965年10月(昭和40年6月)	1970年7月(昭和45年7月)	1971年12月(昭和46年12月)	57ヵ月	17ヵ月	74ヵ月
第７循環	1971年12月(昭和46年12月)	1973年11月(昭和48年11月)	1975年3月(昭和50年3月)	23ヵ月	16ヵ月	39ヵ月
第８循環	1975年3月(昭和50年3月)	1977年1月(昭和52年1月)	1977年10月(昭和52年10月)	22ヵ月	9ヵ月	31ヵ月
第９循環	1977年10月(昭和52年10月)	1980年2月(昭和55年2月)	1983年2月(昭和58年2月)	28ヵ月	36ヵ月	64ヵ月
第10循環	1983年2月(昭和58年2月)	1985年6月(昭和60年6月)	1986年11月(昭和61年11月)	28ヵ月	17ヵ月	45ヵ月
第11循環	1986年11月(昭和61年11月)	1991年2月(平成3年2月)	1993年10月(平成5年10月)	51ヵ月	32ヵ月	83ヵ月
第12循環	1993年10月(平成5年10月)	1997年5月(平成9年5月)	1999年1月(平成11年1月)	43ヵ月	20ヵ月	63ヵ月
第13循環	1999年1月(平成11年1月)	2000年11月(平成12年11月)	2002年1月(平成14年1月)	22ヵ月	14ヵ月	36ヵ月
第14循環	2002年1月(平成14年1月)	2008年2月(平成20年2月)	2009年3月(平成21年3月)	73ヵ月	13ヵ月	86ヵ月
第15循環	2009年3月(平成21年3月)	2012年3月(平成24年3月)	**2012年11月(平成24年11月)**	36ヵ月	8ヵ月	44ヵ月
第２～第14循環の平均				**36.2ヵ月**	**16.8ヵ月**	**53.0ヵ月**
第２～第14循環の平均				**36.2ヵ月**	**16.1ヵ月**	**52.4ヵ月**

内閣府経済社会総合研究所のデータを基に作成

ことで軌道に乗せたということは否定できない事実だと思います。

ただ、そのあとに「黒田バズーカ2」を二〇一四年一〇月に撃っているのですが、この時には最初のバズーカほどは効果がなかったということも事実です。一時的に円安を加速させた部分はありましたけれども、その後は一時期一二〇円くらいまでいった円/ドルレートが二〇一六年夏頃には一〇〇円くらいに戻ってしまいました。

★戦時下での借金と平時の借金がほぼ同じ?

浅井　元の木阿弥ですよね。先ほどの話に戻りますが、GDPの二五〇%というのは大変な数字で、IMFが出している一九〇〇年からのデータ(一六~一七ページ参照)を見ても唯一比較できるのが日本でいえば大戦末期の昭和一九年(一九四四年)の二〇四%でしたでしょうか。近い数字は。

小黒　はい。一九四四年度までの公式データで判断するとその通りです。ただ一九四五年度のGDPが欠損しているため、その年度の政府債務残高(対GD

Ｐ）がわからないという問題や、内地（日本本土）の債務のみで満州や台湾など外地での債務が抜け落ちている可能性があり、正確な数値はわからない部分もあると思います。

浅井　そうでしょうね。正確ではないでしょう。ただ、英国の場合はある程度正確なんじゃないですか。

小黒　英国は正確です。

浅井　それで見て行くと、英国で最大で二六九％ですね。ですから、現在の日本とほぼ同レベルです。そこで私は比較して思うのですけれど、当時イギリスは戦時下ですから戦争が終われば戦費はいらなくなりますよね。しかし日本は社会保障費がメインですから、減るどころか今後ますます増えるわけです。最近、それでも借金の増え方が落ちてきたのです。税収が増えましたから。

でも、また借金は増えます。それには理由が二つあります。一つはバラ撒きの復活です。安倍総理が「リニア中央新幹線も北海道新幹線も長崎新幹線も全部やる！」と言っていますから。二つ目は少子高齢化に伴う社会保障費の増大

名目GDPに対する比率の推移

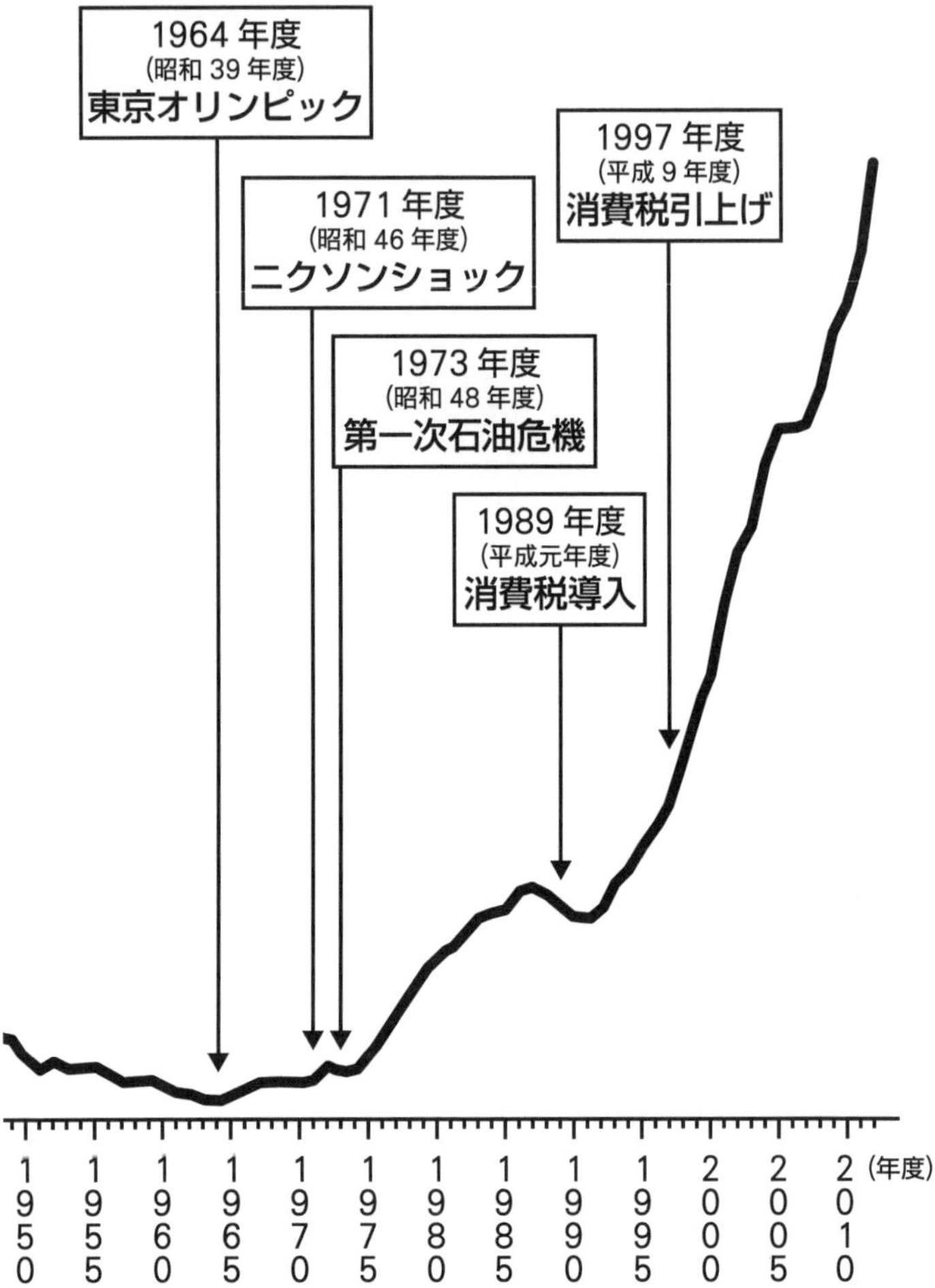

1890（明治23）年度以降の政府債務残高の

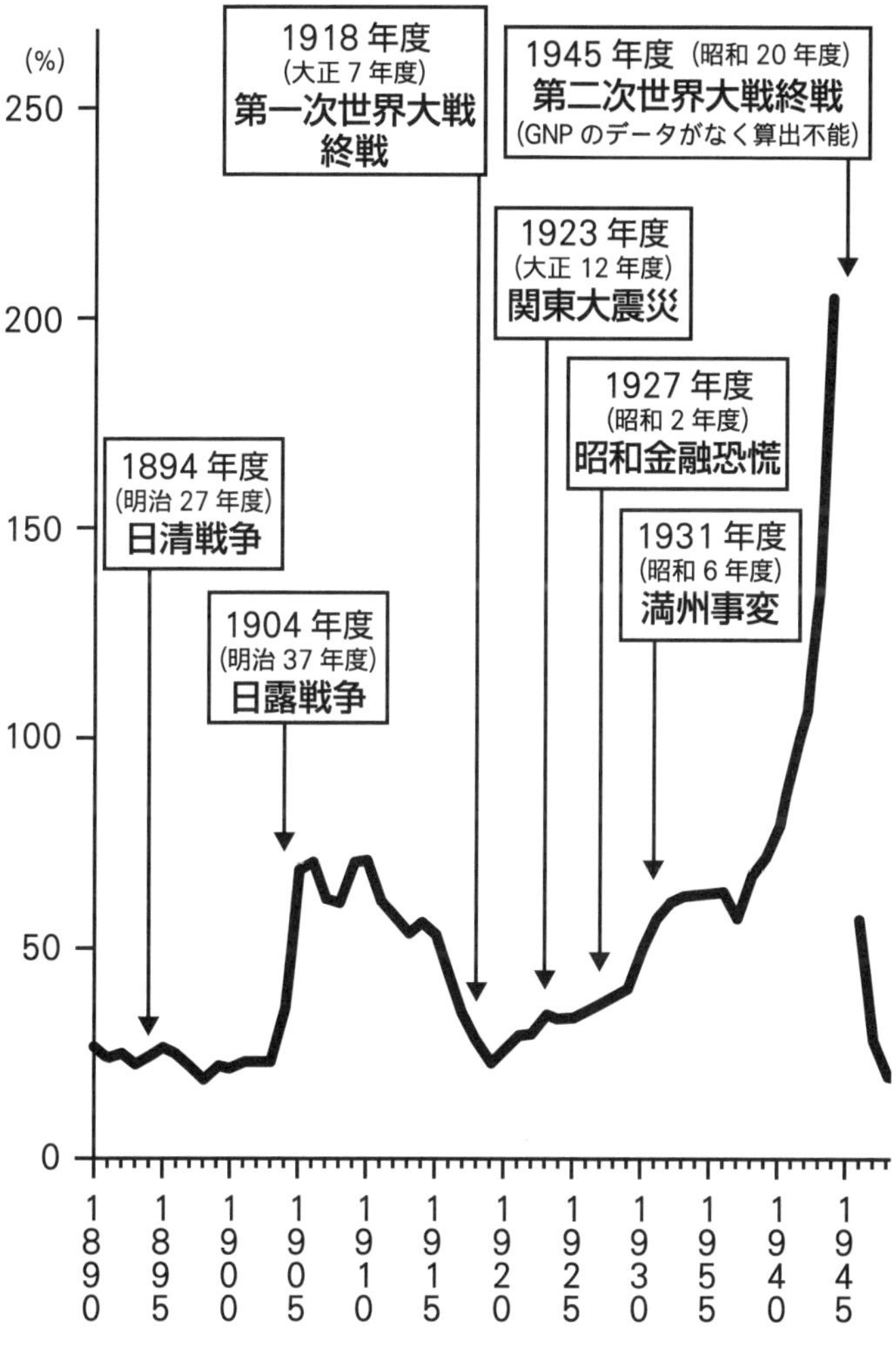

で、これだけは誰にも止められない。つまり英国は戦費がメインでしたから二六九％で止まっていますが、今回の日本は止まらないのです。

小黒　戦争が終われば軍事費の支出がなくなります。日本も一一七ページの資料にあるように、第二次世界大戦の頃は大体一般会計の五〇％くらいが軍事費でした。

浅井　すごいですね。半分ですか。

小黒　これが戦後の一九五〇年になると一七・六％に縮減します。他方、一九四〇年の時の社会保障関係費は一・六％です。

浅井　そんなものですか。

小黒　本当に国民に回って行くお金というのは、ごくわずかしかないという仕組みになっています。

浅井　でも、当時の国債費は一五％と今より低いのですね。

小黒　これは統制経済で金利や物価を統制していたからです。戦後しばらくしてから債務が縮小したのは、いわゆる金融抑圧ですが、これができたのも自国

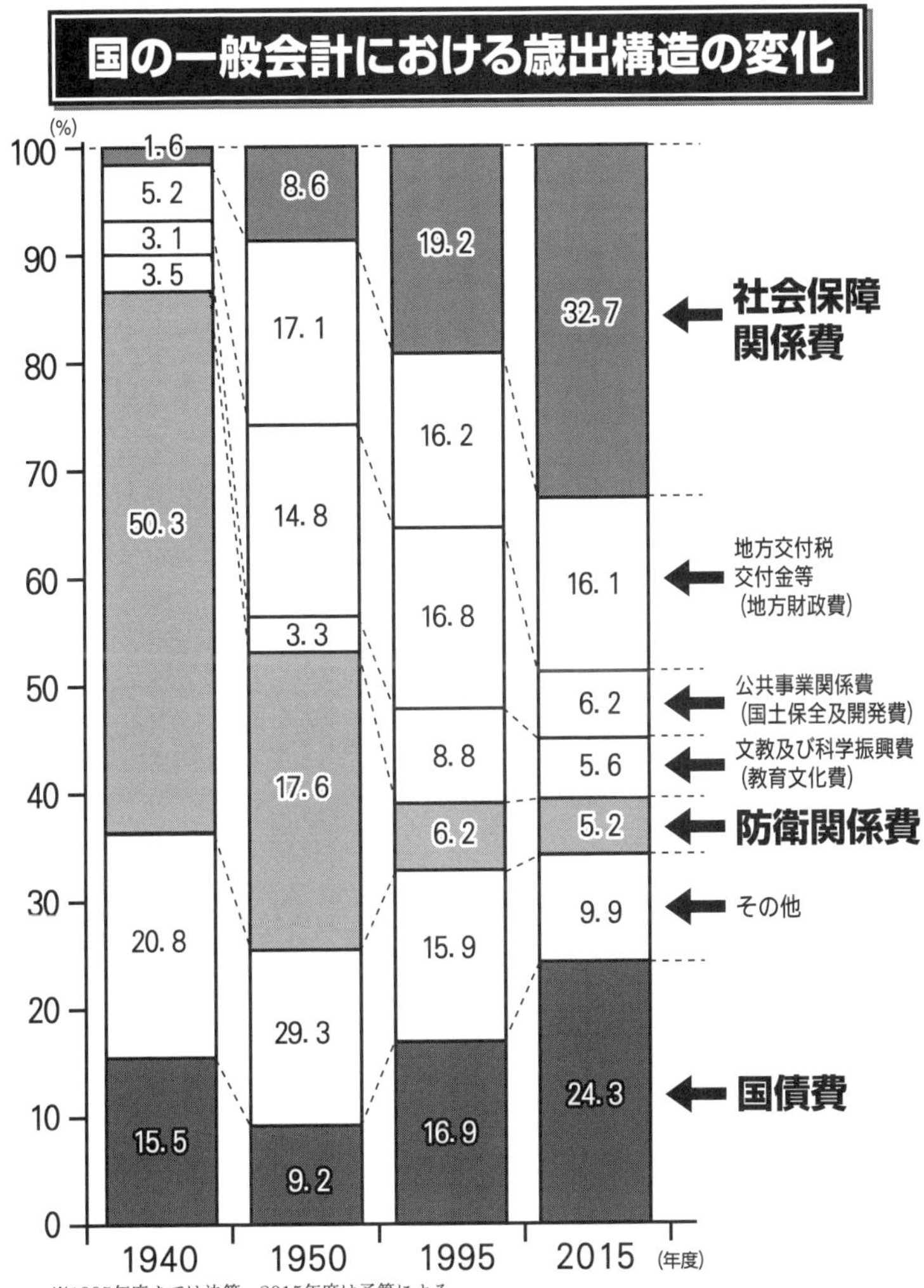

※1995年度までは決算、2015年度は予算による。
※1940年度、1950年度は一般会計歳出決算目的別分類による。以降は主要経費別分類に基づいて作成。
両者で異なる項目については、「地方交付税交付金等」には「地方財政費」、「公共事業関係費」には「国土保全及開発費」、「文教及び科学振興費」には「教育文化費」を用いて作成。

財務省「戦後の我が国財政の変遷と今後の課題」を基に作成

だけで金利を抑え込むことが可能な環境だったからです。当時は日本だけでなくイギリスでも同じ状況でしたけれど、国際金融市場でのやりとりがどの国も発達していなかったので、海外とのお金のやりとりがすごく緩やかでした。

浅井　今は無理ですよね。アメリカの金利が上がったり、どこかの市場で何かが起きた場合には、日本だけ関係ないというのは無理でしょう。

小黒　難しいですね。

浅井　二〇一五年の資料ですがこれを見ると今現在、社会保障費と国債費を足すと五七％くらいですね。

小黒　大雑把に言いますと国債費が膨らんでおり、一九四〇年で一五％だったものが二〇一四年で二四％になっています。たとえて言いますと一九四〇年の軍事費、つまり防衛関係費が社会保障費に替わって行った形ですね。今、防衛予算は五・二％です。

浅井　ちょうど社会保障費に地方交付税を入れると五〇％ですよね。

小黒　そうですね。この中の地方交付税は一定部分が社会保障関係に流れて行きます。

浅井　そう考えてみると、これでちょうどぴったり合いますね。

小黒　防衛費の場合、戦争が終わればすぐに縮小しますけど……。

浅井　今回は、構造的に縮小できないからひどいわけですね。

小黒　すでに積み上がったストックの債務にもきちっと対応しなければならない一方、フローの方でも今、財政赤字が発生しています。少子高齢化で医療費・介護費が急増し、年金もある程度改革して膨張を抑え込んでいますが、今後は増加していきます。増加する部分と足りない税収の部分、そしてフローの部分も解決しなければなりません。

浅井　将来を考えた時にかなり重大な局面にさしかかっていますね。大改革すれば何とかなるでしょうけれど、大改革しなかったら必ず破綻しますね。

小黒　破綻しますね。破綻した後も大変だと思います。

浅井　私は何かの本で読んだことがあるのですけど、政府の借金というのはＧＤＰの六〇～七〇％以下であれば安全で、九〇％が危険ラインであると。二〇〇％を超えるというのは頭がおかしくなっているような領域で、普通の状態ではないと。海外ではそういう風な認識なのでしょうか。

小黒　二〇〇％以上は危険ラインで、かつての日本を含め世界や歴史を見渡せば財政破綻は頻繁に起こっています。実際、『国家は破綻する』を著したカーメン・M・ラインハートの一九世紀から最近までのデータベースによると、政府の借金でもある政府債務が対GDP比で六〇％以上となった六四例のうち、経済成長や財政再建ができずに破綻（「債務再編」「突然の高インフレ」）したのは三八例にも上っています。

しかも、六四例のうち先進国（二〇ヵ国）は三七例、途上国（一五ヵ国）は二七例であり、それぞれの破綻は一三例、二五例となっています。つまり、この一九世紀から最近までのデータでは、政府債務（対GDP）が六〇％以上となった場合、先進国では約三五％、途上国では九二％の確率で財政が破綻したことを意味します。

浅井　六〇％という数字には、何か意味があるのでしょうか。

小黒　そうですね。その辺は完全にわかっていないのですが、「ドーマーの命題」と関係している可能性があるのではないかと思います（一二三ページ参照）。簡単に言いますと、財政赤字のＧＤＰ比を言う時に、たとえば欧州のマーストリヒト条約などでは「単年度分の財政赤字は、大体ＧＤＰの三％以内に収めなさい」とし、他方で債務残高のＧＤＰ比の上限は大体六〇％ぐらいに制御しなさい、と説明しています。ドーマーの命題とは、財政赤字のフローの赤字を名目のＧＤＰ成長率で割ると最終的にその収れんする債務残高のＧＤＰ比が出てきます。問題は、その成長率をどれくらいに見込んでいるのかということになります。

浅井　日本はかなり低いと思いますが、欧州はどのくらいの成長率を見込んでいるのでしょうか？

小黒　欧州の場合、名目のＧＤＰ成長率が大体五％くらいあると想定していると思います。先の三％（対ＧＤＰ比の財政赤字）を五％（名目成長率）で割ると〇・六（＝三÷五）で、六〇％（収束する対ＧＤＰ比の債務残高）ですから。

★足元、毎年二五兆円ずつ増える国の借金

浅井 今、日本は直近で一年間にどのくらい借金が増えているのでしょうか。

小黒 そうですね、一二四ページの表をご覧下さい。これは、直近（二〇一六年七月）の経済財政諮問会議に提出された内閣府の中長期の経済財政に関する試算です。グラフにはなっていませんが、財政赤字に関する金額が載っています。GDP比で見ますと、足元二〇一六年で財政収支、国と地方を合わせると大体五％くらいの赤字。GDPが約五〇〇兆円ですから、金額ベースですと二五兆円くらいです。

浅井 大分減りましたよね。一時期、四〇兆円ほどありましたものね。

小黒 そうですね。今は二五兆円くらいですね。ただ、この金額自体は今後、どうしても増えて行きます。

浅井 そうですよね。社会保障費の増加が止まらないですからね。

小黒 内閣府の推計ですと、二〇二四年度にベースラインケースで大体四・五％くらい。金額ベースだと二六兆円の赤字になります。この「ベースライン

ドーマーの命題

ドーマーの命題とは

名目GDP成長率が一定の経済で、
財政赤字を出し続けても、
財政赤字（対GDP）を一定に保てば、
債務残高（対GDP）は一定値に収束する

というもの。

その際、財政赤字（対GDP）をq、
名目GDP成長率をn とすると、以下が成り立つ。

$$\text{債務残高(対GDP)の収束値} = \frac{q}{n}$$

たとえば、名目GDP成長率（n）が1％程度で、
財政赤字のGDP比（q）が４％超の場合、
債務残高（対GDP）の収束値は400％超（p／n ＝4超）
となってしまう。
この原因は財政赤字の大きさにあり、
もし名目GDP成長率が1％程度で、
債務残高（対GDP）の収束値を現在と同水準の
200％程度に留めるならば、PB均衡の目標では甘く、
財政赤字（対GDP）は２％程度まで抑制する必要がある。

国・地方の財政の姿　ベースラインケース

（対名目GDP比・％程度）、兆円程度

年度	基礎的財政収支	国	地方	財政収支	国	地方	公債等残高
2014（平成26）	▲20.0（▲4.1）	▲21.5（▲4.4）	1.5（0.3）	▲28.3（▲5.8）	▲27.4（▲5.6）	▲0.9（▲0.2）	956.7（195.4）
2015（平成27）	▲15.8（▲3.2）	▲19.5（▲3.9）	3.8（0.8）	▲24.5（▲4.9）	▲25.8（▲5.1）	1.2（0.2）	993.5（198.6）
2016（平成28）	▲15.9（▲3.1）	▲18.7（▲3.7）	2.8（0.5）	▲25.5（▲5.0）	▲25.7（▲5.0）	0.2（0.0）	1016.3（198.7）
2017（平成29）	▲11.7（▲2.2）	▲15.2（▲2.9）	3.5（0.7）	▲20.9（▲4.0）	▲22.4（▲4.3）	1.5（0.3）	1034.1（197.7）
2018（平成30）	▲11.0（▲2.1）	▲14.8（▲2.8）	3.8（0.7）	▲19.4（▲3.7）	▲21.4（▲4.0）	1.9（0.4）	1051.9（197.8）
2019（平成31）	▲10.6（▲2.0）	▲13.8（▲2.6）	3.3（0.6）	▲19.3（▲3.6）	▲20.7（▲3.8）	1.4（0.3）	1069.8（197.4）
2020（平成32）	▲9.2（▲1.7）	▲12.9（▲2.3）	3.7（0.7）	▲18.6（▲3.4）	▲20.5（▲3.7）	1.9（0.3）	1087.3（197.3）
2021（平成33）	▲9.1（▲1.6）	▲13.3（▲2.4）	4.1（0.7）	▲19.6（▲3.5）	▲21.9（▲3.9）	2.3（0.4）	1106.0（198.0）
2022（平成34）	▲10.0（▲1.8）	▲13.7（▲2.4）	3.7（0.7）	▲21.8（▲3.9）	▲23.6（▲4.2）	1.8（0.3）	1127.0（199.1）
2023（平成35）	▲10.7（▲1.9）	▲13.7（▲2.4）	3.0（0.5）	▲24.1（▲4.2）	▲25.1（▲4.4）	1.0（0.2）	1150.2（200.6）
2024（平成36）	▲11.1（▲1.9）	▲13.9（▲2.4）	2.7（0.5）	▲26.2（▲4.5）	▲26.9（▲4.6）	0.7（0.1）	1175.5（202.3）

内閣府「中長期の経済財政に関する試算」を基に作成

主な試算結果

■GDP成長率（実質GDP成長率）

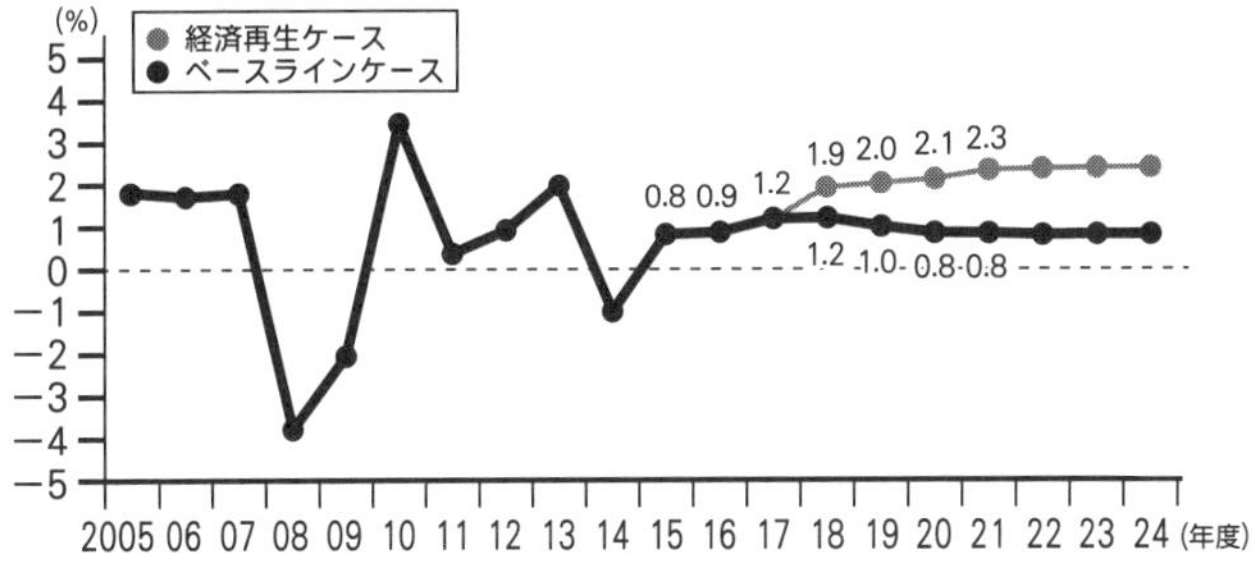

■名目GDP成長率

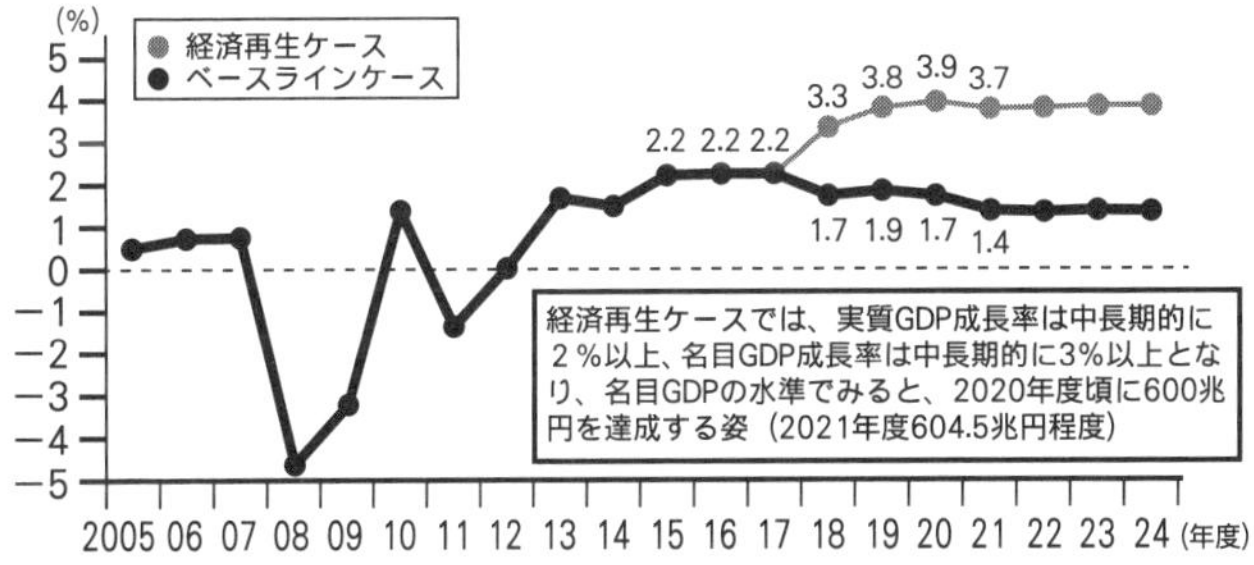

■消費者物価上昇率

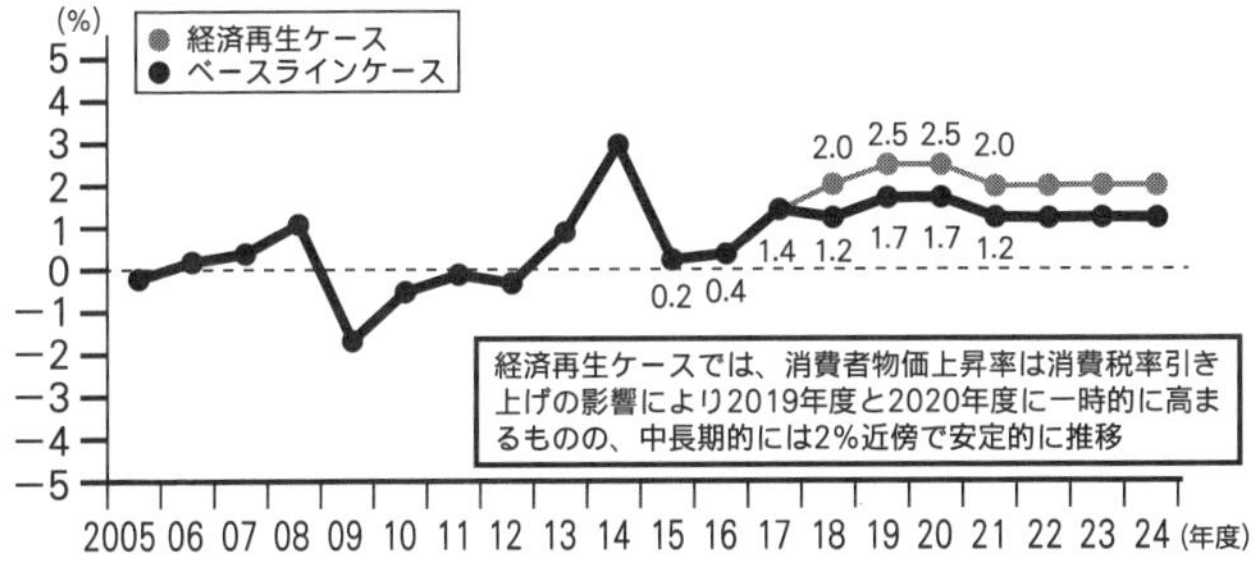

内閣府「中長期の経済財政に関する試算」を基に作成

ケース」というのは、二〇二〇年度以降の経済成長率を実質〇・八％で見込んでいるケースです。ここ最近一〇年くらいの経済成長率を平均しますと、大体〇・八％くらいですから比較的、現実的な数字です。

ただ、内閣府の推計している直近の潜在成長率は〇・三％で、日銀のそれは〇・二一％。これでも結構、高く成長率を見込んでいると言えるかもしれません。内閣府の推計では「経済再生ケース」のように、もっと高い経済成長率を二〇二〇年度以降の数年間で見込んでいるものもあります。

浅井　これでも借金は増えて行きますよね。

小黒　増えて行きますね。先ほどのドーマーの命題を使って計算すると、たとえば日本の名目成長率が五％くらいあれば良いのですが、実際ここ一〇年くらい名目はゼロ成長なので、少しでも財政赤字があれば収れんする債務残高（対GDP）は発散してしまいます。成長率が一％としても二〇二四年度の財政赤字の対GDP比は経済再生ケースでも三・四％、するとGDP比の債務残高は三四〇％に収れんしますし、ベースラインケースに至っては二〇二四年度には赤字が四・五％あると言っていますから、四五〇％に収れんしてしまう。
　グラフにすると悪化していく方向に向かっているのがわかります。現実は、もっと厳しい可能性があります。その理由としてもっとも大きいのが医療費、介護費です。二〇二〇年度以降、団塊の世代の人たちが七五歳以上になって行き医療・介護費が膨張するので、財政収支が悪化して行くのです。
浅井　たとえばですね、現在の日本経済の数字、名目成長率ゼロ％と年間の政府の赤字の五％が続くとします。二五兆円ですね。そうすると借金の総額（ストック）は今ＧＤＰ比で二五〇％ですから、一〇年で三〇〇％に到達するわけです。三〇〇％なんて想像できないですけどね。今までの歴史の中で、先進国でそのような数字になったという例はないですね。そうなったら、下手をすると借金と預金残高が同じ額になってしまいます。
小黒　家計貯蓄率が急速に低下する中、一般政府の総債務、家計の金融純資産のグラフを書いた時にその幅は狭まっていくことが予想されます（一二九ページ資料参照）。国債は必ずしも国内だけで消化する必要はないわけですが、海外投資家に国債を引き受けてもらう場合はより高い金利を要求され、引き受けてもらえるボリュームにも限界があります。このような状況の中、市場で国債を消化するということがだんだん難しくなっていくことは、目に見えています。それはもうあまり遠くない未来の話で、一〇年後の二〇二〇年代にはそういう状況が出てくる可能性について、一部の民間シンクタンクも指摘しています。

★消費税一〇〇％!?

浅井　一〇年後というと、二〇二六年ですね。大雑把に言って二〇二五年という年は高齢化の第一波といわれ、認知症と認知症予備軍を合わせると一〇〇〇万人になると言われています。それ自体も驚きなのですが、今でも老人が運転事故を起こしたというような話がありますが、社会的にも相当大きな曲がり角を迎えるのではないかと思いますね。このまま日銀に国債を買わせて支えておいて、一方で税収が上がっているからという名目のもとにバラ撒きや公共事業をやる。こんなことを続けていると、私は破綻という問題もそうですけれども、

一般政府債務と家計金融資産の推移

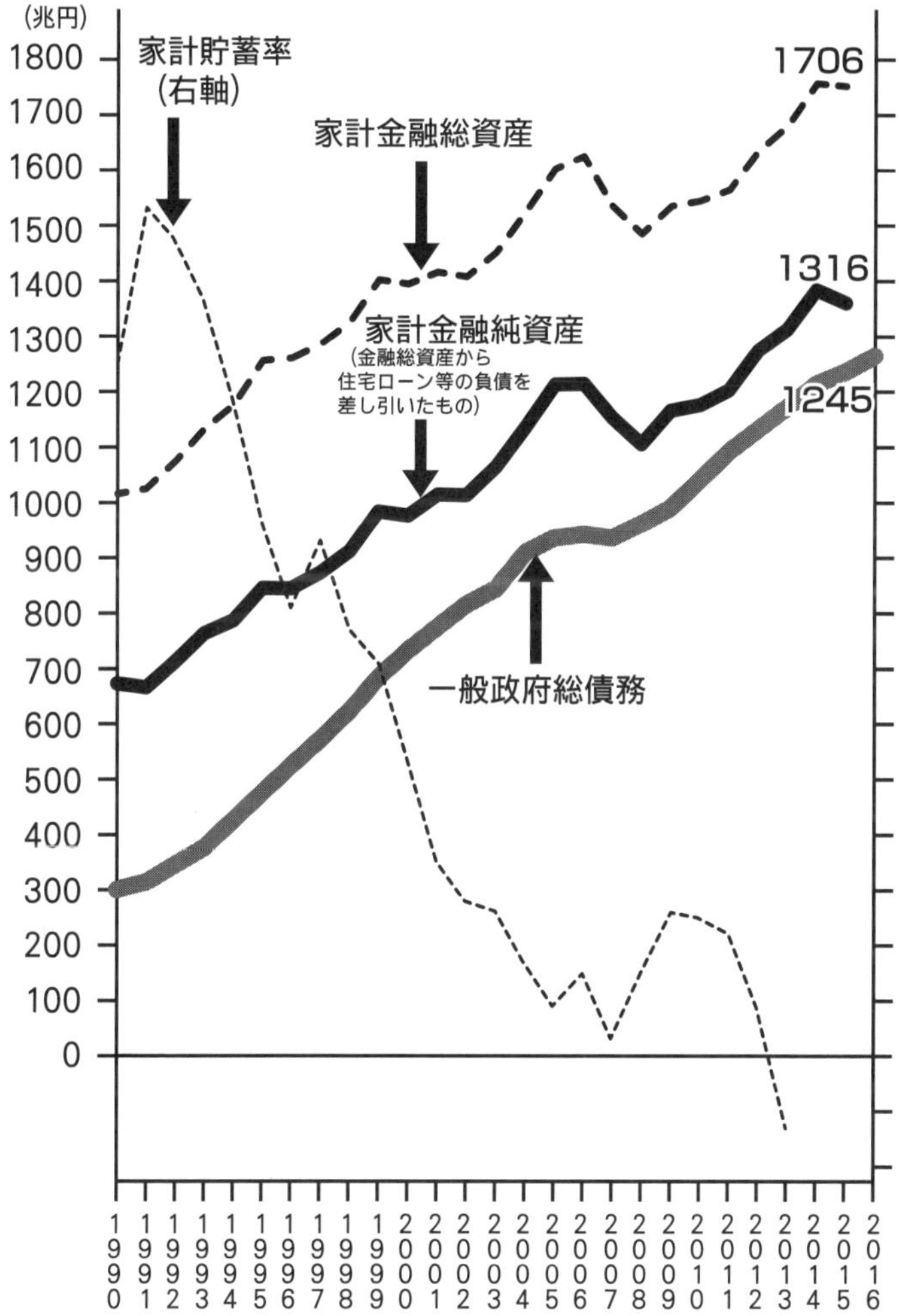

日本銀行、内閣府、GFS「政府財政統計マニュアル」、ＩＭＦのデータを基に作成

それ以前に借金を返す気がないのではないかと思ってしまいます。

小黒　そうですね。この財政問題についてはいつか整理しないといけないものがあって、これだけ巨額な政府債務が積み上がっている状態でこの問題が顕在化しないのはいくつかの理由があるわけです。

浅井　その理由とは。

小黒　まず、一つは先ほどのお話にもあったように、国内で国債を消化できる余地がまだ多少あるということ。これは、国債を引き受けることを国内だけの限界で見ますと私たちの持っている国内の貯蓄にはまだ余裕があるのです。もちろん、それは長続きするとは思えません。高齢化と貯蓄率低下のトレンドからはっきりとわかります。もう一つは、国内貯蓄とは別の観点、つまり正攻法から考える財政再建です。財政再建には大きく三つの方法があります。一つは歳出の削減・抑制。二つ目は足りない部分の税収を増税などで確保する。最後に経済成長。この三つの中で政府がコントロール可能なのは一つ目と二つ目です。経済成長は成長戦略を打つわけですが、これは政府が自在にコントロールできるものではありません。むしろ、最初の歳出削減・抑制（特に社会保障改革）や増税が中心になると思います。

ただ、財政再建にも限界があるということは明らかです。比喩的になりますが、ガン患者がいてガンが進行している中で早く患部を取り除けば少ない痛みで手術ができますが、あまりにもガンが進行してしまうと手術をすること自体で患者が身体への負荷に耐えられずに死んでしまう可能性がある、というような状態とでも言いましょうか。患者（日本経済）が耐えうる限界点と時期があるのです。海外の研究者などで、財政の正攻法でどれだけ財政再建ができるかということを消費税率換算を使ったりして研究している人たちがいます。日本でも一〇年ほど前ですと慶應義塾大学の土居丈朗教授がＲＩＥＴＩ（独立行政法人経済産業研究所）などでペーパーを出しています。大体、消費税率を一七％くらいにすると再建可能だという試算でした。ですが、ちょっと前に、アメリカのアトランタ連銀のブラウン氏と南カリフォルニア大学のジョインズ教授が共同研究で推計している数字（一三三ページ参照）によりますと、今ですと消費税換算で三〇％くらいに引き上げないと……。

浅井　現時点でですか？

小黒　二〇一七年時点でです。不可能に近いですよね。でも、もっと怖いことは、彼らはこのままずっと債務の膨張を放っておいて社会保障などの歳出削減をしないで増税だけで対応するといつまで先送りできるのかを、とてもロジカルに計算しています。その場合、二〇三〇年くらいには数字上はどこかで消費税を一〇〇％くらいにしないと財政再建できなくなってくるのです。一〇〇％なんて、あり得ない話ですよね。

浅井　あはは、一〇〇％ですか。三〇％でもあり得ないですけれどね。アベノミクスでバラ撒きに慣れた国民にとっては特に耐えられないですよね。

小黒　彼らはそういう意味では〝ディレイ・コスト〟というものを計算しています。すなわち、改革先送りのコストです。彼らの研究では、具体的にはたとえば財政を安定化させるために二〇一七年に一気に消費税率を引き上げるとすれば税率を三三％にする必要があると推計していますが、消費税の引き上げを

債務残高（対GDP比）の安定化に必要な最終的な消費税率

Braun and Joines　（2011年8月）未定稿

（アトランタ連銀のブラウン氏と南カリフォルニア大学のジョインズ教授）

ベースライン

2017年に消費税率33%が必要
（2012年に消費税率を10%にすることが前提）

先送りケース

2022年に増税するなら消費税率37.5%が必要
（2012年に消費税率を10%にすることが前提）

2%インフレのケース

消費税率25.5%が必要

二〇一七年から二二年に五年遅らせる場合、必要な消費税率は三七・五％に上昇すると推計しています。三三％と三七・五％の差は四・五％ですから、一年間の改革の先送りで財政を安定化するために必要な税率は約一％上昇することを意味します。

浅井　ハッキリ言って、自民党がやってきたことはバラ撒き政策です。民主党もそうでした。表面上は事業仕分けなどやって見せたけれど、削減目標の半額ぐらいです。公明党も同じです。今の日本の政治体制ですと、国民に痛みを生じさせるような改革は打てません。そうすると、すでにもう手遅れかもしれないという思いが湧いてきます。現在のこの政治状況を三、四年以内に変えることなんて、できないですよね？

小黒　難しい可能性が高いですね。今の政権もまったく何もしていないわけではないので、絶対にそうかと言われたらそうとは言いきれませんが。財政再建・社会保障改革のスピードが遅いので、かなり難しい面はあります。

★金融政策は奏功するのか？

浅井　そうすると、逆に今、何も危機が起きなくてこのままの状態が続くと、一〇年以内に何かが起きても不思議ではないですよね。

小黒　そうですね。今、財政の限界の延命に一番貢献あるいはサポートしているのは、直近では金融政策です。まず日銀が異次元緩和でデフレ脱却に成功し、二％のインフレを起こすことができれば名目ＧＤＰが増加する可能性があり、その結果、債務残高（対ＧＤＰ）が縮小する可能性があります。

しかし、直近では黒田総裁が二〇一八年四月までの日銀総裁任期中に物価上昇率二％の目標を達成するのは難しくなったとしています。インフレが起これば名目成長率が上がるので、財政赤字（対ＧＤＰ）があまり改善しなくても、ドーマーの命題から収れんする債務残高（対ＧＤＰ）が少し縮小する可能性があることは間違いない。でも、実態としてはインフレ率は上がっていない。すなわち、異次元緩和は完全に失敗しています。その結果、皮肉なことですが日銀が大量に国債を買い入れる政策が継続しており、それが足元では長期金利の上昇を抑え込み、それも財政の限界を延命しています。

浅井　一〇年債で今、ゼロ％前後ですね。

小黒　マイナスだったものが今、プラスになったりしていますが。

浅井　でも、それほどの低金利でさえ国債費が今、二四兆円（二〇一六年度予算の利払い費一〇兆円、債務償還費一四兆円）もあるわけですよね。ということは、金利が上がったら国債費の支払いだけで大変ですよね。金利が三％、四％になれば、数年の間に三〇兆円、四〇兆円になってしまいますよね。

小黒　そうですね。なお、ここまで金利が下がった理由は、景気の低迷や異次元緩和のほか、今年の一月に日銀がマイナス金利政策を導入したためです。銀行などの民間金融機関は、資金決済などのために日銀に口座を持っており、これを日銀当座預金（準備）といいます。現時点（二〇一六年一〇月）でこの日銀当座預金残高は約三〇〇兆円になっており、マイナス金利政策とはこの日銀当座預金の一部にマイナス〇・一の金利をかけるという政策です。具体的には今、日銀は日銀当座預金を三層構造に分けて一番上の「政策金利残高（一〇兆円から三〇兆円）」にマイナス金利を適用しています。これはどこの金利に跳ね返るかというと、短期金利です。当初、日銀はおそらくイールドカーブの短期の所をぐっと下げて、長期はそれほど下がらないと思ったのです。ところが、想定外のことが起こった。マイナス金利を嫌がった金融機関が、まだプラスの金利がある中長期債を買いに行ってしまったのです。それで長期金利もぐっと下がってしまい、イールドカーブはさらにフラットに潰れてしまいました。

浅井　この金利は異常ですね。

小黒　そうですね。一九九〇年頃の国債金利は六％くらい、一九九七年頃は三％くらいでしたから、再び成長率が高まれば長期金利も上昇する可能性があります。ですがバブル崩壊以降、現状では成長率は低下傾向にあり、二、三年前は発行している国債の加重平均金利は一・三％～一・二％まで低下しました。

　これが今はマイナス金利の影響もあり、さらに足元で一・一％くらいにまで下がってきており、債務が一〇〇〇兆円くらいある中でも利払い費は一〇兆円くらいですんでいます。これが、逆に財政規律を緩めるような効果をもたらしているというのは間違いありません。

浅井　一種の麻薬的な効果ですね。

小黒　ただ、その状態もそんなに長続きはしないでしょう。マイナス金利政策は深堀り（マイナスの幅をさらに大きくすること）についての限界は確かにありますが、深堀りのスピードや時期は何も明らかにしておらず、日銀に裁量が委ねられているため限界は不透明です。他方、今やっている異次元緩和には誰が見ても明らかな限界があり、国債は一〇〇〇兆円しかなく、毎年日銀は八〇兆円ずつ買っている。大雑把な試算では、あと一二年くらい買い続ければすべての国債がなくなってしまうわけです。

浅井　極端なことをいう人がいましてね、それだったらもっと国債を刷ればいいじゃないかと。でもそうすると、最後はハイパーインフレになりますよね。どんどん国債を刷って、それを日銀が買って行ったら。

小黒　最終的には高インフレになる可能性がありますね。時間はかかりますけれど。ただ、それにも経路が二つありまして。少なくとも今、日銀が国債を

マイナス金利の仕組み：3段階の階層構造

日本銀行の資料を基に作成

買っているメカニズムの中では、インフレーションにつながる要因はないと言えます。なぜかといいますと、日銀が異次元緩和でお金を供給しようとしても、貸出の増加などで市中にお金が流れず、マネタリーベースの一部である日銀当座預金にお金が単に「ブタ積み」されているだけだからです。

このマネタリーベースとは何かといいますと、日銀のバランスシートを見る必要があります。日銀のバランスシートの負債側を見ますと、今、市中に発行している「発行銀行券」というのが約一〇〇兆円あります。それ以外の部分で大きいのが「当座預金」、これが日銀当座預金で通称「準備」と言われるわけですけれど、これがもう三〇〇兆円を超えています。このうち、発行銀行券の一〇〇兆円は今私たちの財布の中にある一万円札や五千円札・千円札などの「現金」を意味し、市中で流通しているものです。

では「準備（日銀当座預金）」はどうかといいますと、市中で流通はしません。経済学で物価を決める貨幣数量説での「マネーストック」とは何かといいますと、「現金」と「準備」ではなく私たちが民間銀行に預けている「預金」

日銀のバランスシート（2016年10月31日）

（単位：億円）

資　産	
金地金	4,413
現金	1,732
国債	**4,034,627**
コマーシャル・ペーパー等	21,482
社債	32,024
信託財産株式	12,479
信託財産指数連動型上場投資信託	102,068
信託財産不動産投資信託	3,404
貸付金	350,101
外国為替	64,926
その他（代理店勘定・雑勘定）	6,667
合計	4,633,922

負債および純資産	
発券銀行券	**969,819**
当座預金	**3,159,522**
その他預金	88,146
政府預金	**328,781**
売現先勘定	429
雑勘定	10,916
引当金勘定	44,718
資本金	1
準備金	31,591
合計	4,633,922

日本銀行のデータを基に作成

と「現金」の合計です。私たちが財・サービスの取引や決済に利用するのは、この「預金」や「現金」です。すなわち「現金」と「預金」の総量が「マネーストック」で、それが最終的には物価を決めます。「準備」というのは金融機関が日銀に預けている預金なのですが、これは私たちが直接使えるお金ではないので関係ありません。この「準備」がどんなに膨れ上がっても、今のところインフレにはなりません。

では、「準備」とは何か。民間の金融機関が持っている国債を日銀が異次元緩和で買うわけです。それを買った代金を民間金融機関が日銀に預けている当座預金、いわゆる「準備」に振り込む。その「超過準備」（民間銀行が日銀に必ず預けなくてはいけない金額を超えた当座預金）には金利がついている。今、超過準備の一部にはマイナス金利がついているものもありますが、超過準備全体としては平均的にプラスの金利がついています。これはある意味、政府と日銀を統合政府として考えると利払いをしているわけですから、「超短期の国債」みたいなものです。日銀のバランスシート上で負債の利子を支払っているわけで、政府が発行した長期国債が異次元緩和により「準備」（長短期の国債）に代わっただけです。ですから、実態では何も効果がない。「マネーストック」にも影響を与えないし、単に統合政府（政府部門＋日銀）の債務が節減できるわけでもありません。

浅井　一番の問題は、買い取る国債がなくなった時にどうなるかという……。

小黒　市場で取引を行なう国債が枯渇した場合でも、政府が財政赤字を続けて国債を発行して行けば、民間銀行が政府から一度引き受けた国債を日銀が買い取って行くことも考えられ、買い取る国債が完全になくなるとは限らない可能性があります。しかし、中長期的に問題がないわけではありません。詳細は拙著『預金封鎖に備えよ』（朝日新聞出版）をお読み頂きたいのですが、たとえば今はデフレを脱却しないといけなくて金利もほぼゼロ％ですが、金利が正常化した時が問題ですね。

今、異次元緩和で日本政府が発行している国債を日銀がどんどん買って行っています。最終的に日銀が国債を全部持ってしまって、仮にすべて「準備」に

①民間銀行が政府から国債を買い入れる

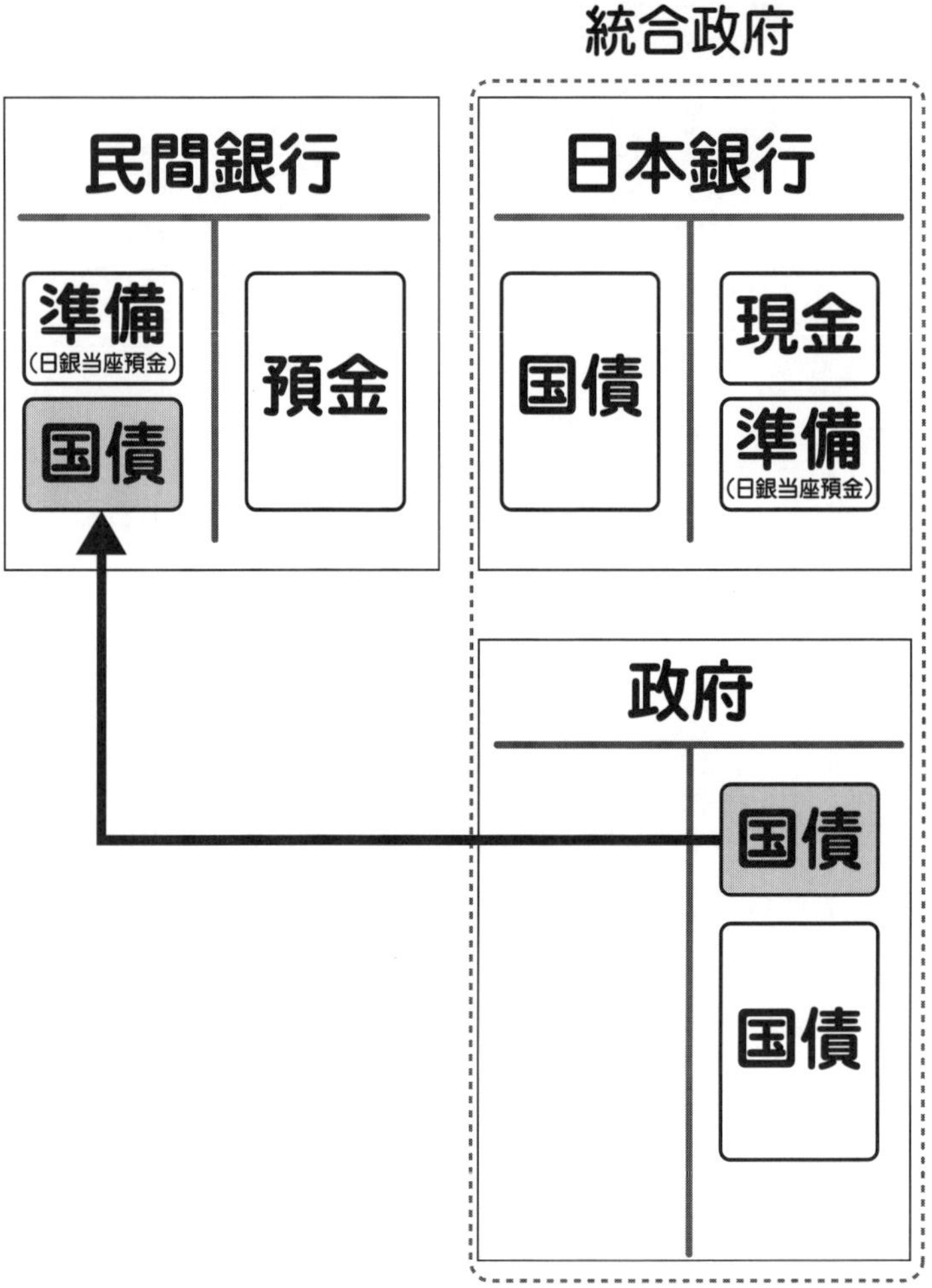

②日銀が民間銀行から国債を買い入れる

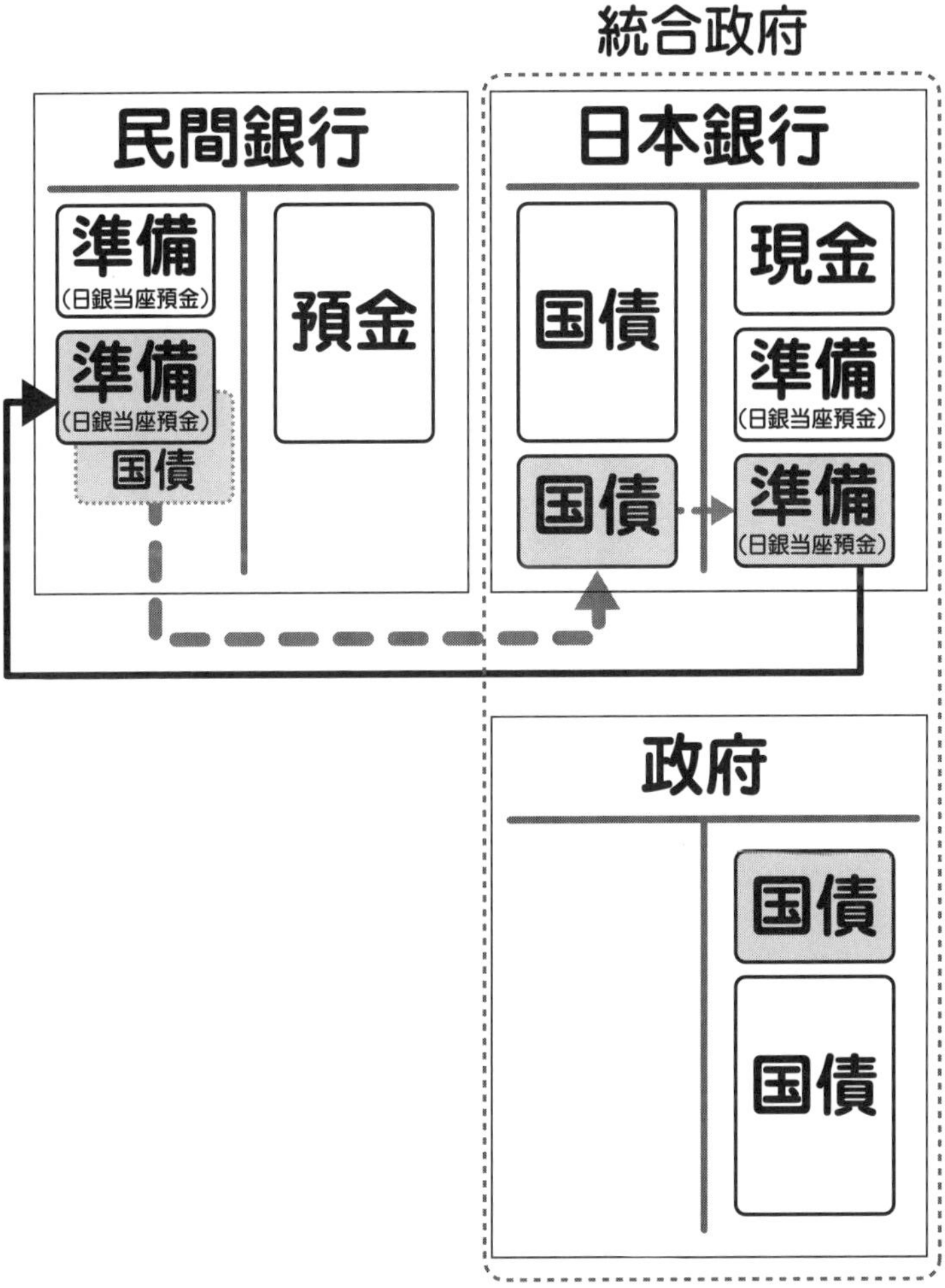

変わったとしましょう。ある意味、日銀は準政府機関ですから。その「準備」というものは疑似的な国債みたいなものであり、金利が正常化した場合、その金利をどうするかということがポイントなのです。

もし金利が正常化した時、この「準備」（日銀当座預金）の金利を十分市場金利に見合う形で付けないと、金融機関の人たちは当然「もう、日銀当座預金にお金を預けておくのは耐えられない」ということで、場合によっては現金として引き出したり、それを不動産などへの投資や融資として貸し出しに使ったりします。そして、景気が回復してくれば資金需要が高まります。そうすると、金融機関というのは一般的には別に日銀の力を借りなくても信用創造で企業や個人に貸し出しができます。そして、貸したお金がその銀行の中で借り手の口座の中に振り込まれると、預金が増えます。そうした形でどんどん連動して行くとマネーストックが増えて行き、インフレ圧力が高まってくるわけです。

その際、インフレ率を適切な水準にとどめるためには、日銀がマネーストックをコントロールする必要があります。その時にはやり方がいくつかありまして、一つは「準備」のお金をあまり利用できないようにするために法定準備率を上げる。それ以外にも方法があり、後で議論になると思いますが、いずれにせよ、金利が正常化した時、おそらく貨幣の流通速度も上がってしまいます。そうすると、インフレの圧力が出てくる。その時日銀は、そのお金を回収しなければなりませんが、これは非常に難しいことです。日銀が日銀売出手形を発行し超過準備の一部を吸収する方法も考えられますが、それにも限界があり、少なくとも日銀はこの難しさについては考えていると思います。

金利が異常な水準まで低下する中、日本は世界に先駆けてゼロ金利政策を実施する一方、量的緩和政策など非伝統的な金融政策に舵を切る必要がありました。具体的には、まず最初に速水優さんが日銀総裁の九九年にゼロ金利政策を導入しました。これは二〇〇〇年に一時的に解除しましたが、二〇〇一年に再び復活しました。短期金利の引き下げで経済を刺激する伝統的な金融政策が手詰まりとなる中、次の福井総裁は二〇〇六年まで量的緩和政策を進めました。その後の白川総裁も責任感を持ち、金融政策の限界や出口戦略も踏まえつつ、慎重かつ大胆な形で量的緩和政策を進めていたのですが、デフレが継続する中、そのスピードや規模に政治的な反発が出てきて、もっと大規模な量的緩和や明確な物価目標の設定などを主張する「リフレ派」などの勢力が国会やメディア上で台頭するようになりました。先般（二〇一六年九月下旬）異次元緩和の失敗が明らかになったこととは別に、私は白川総裁の対応は正しかったと今でも思っていますが、不幸なことに政権交代や日銀総裁の交代のタイミングで非常に無責任なことですが、「異次元」と呼ばれる金融政策に舵を切ってしまったわけです。

なお、ゼロ金利政策や量的緩和政策などについて、アメリカのＦＲＢや欧州のＥＣＢ（欧州中央銀行）などは、日銀の政策を実験台として観測していたのです。そのために海外でたくさん研究がなされ、日本よりスムーズな形で対応できたというのが事実だと思います。一方で日銀も、欧米の中央銀行の政策を注視しています。たとえば日本もＥＣＢがマイナス金利政策を取り入れたりする中で、マイナス金利政策を取り入れても大丈夫だと気づいて二〇一六年の一

主要中央銀行の総資産額の推移（対GDP比）

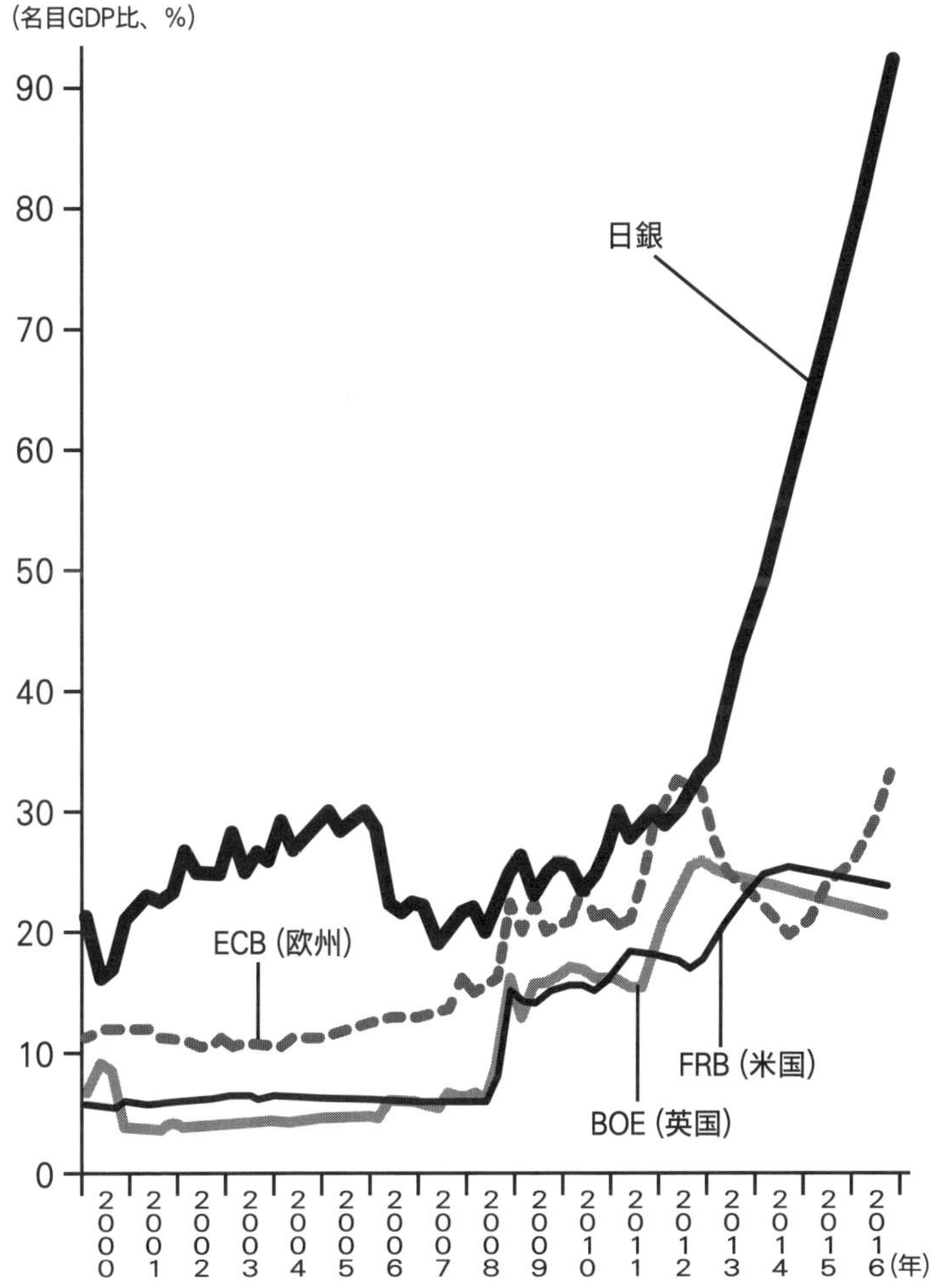

各国中央銀行のデータを基に作成

月に実行したのですが、これが裏目に出たのが現状です。日銀にとってはこれからアメリカがQE（量的緩和）の縮小という出口戦略を始めるため、日本と全然規模は違うのですが、おそらくこの辺は学習する余地があると思います。

しかし、いかんせん規模が全然違います。このような異常な規模で金融緩和からの出口を探らないといけない状況に直面しているのは、日本が初めてのケースです。GDP比でいうとFRBのバランスシートは二〇％くらいですが、日銀はもうすぐ一〇〇％に転じるでしょう。ですから、いずれにしても日本の金融政策の出口戦略は、非常に難しい可能性があるということです。

日銀が出口戦略に失敗すれば、日銀のバランスシートが毀損し、将来、インフレが制御できなくなる恐れもあります。

★二〇三〇年までもつのか？　二〇二五年に何があるのか？

浅井　先ほど、二〇三〇年までは計算上はもつというお話がありましたが、ただ、何かあれば別ですよね。アメリカの利上げが始まったり、円安が始まったり、原油が急に高騰したり。最近の世の中は五年に一度は何かが起きていますからね。計算上、二〇三〇年までもつのかもしれませんが、私は二〇二五年という大きな高齢化の第一弾の時までに、何かが起きても不思議ではないと思っています。

小黒　直近の問題は、オリンピック後の景気の後退ですね。どの国でも前後三年くらいを見た場合、オリンピック後にはガクッと経済成長率が落ちています。

浅井　前回の一九六四年の東京オリンピックの時、私は九歳だったのですがよく覚えています。翌年の昭和四〇年に「証券恐慌」という反動不況で、山一證券が潰れそこなったのですよね。たしかあの時、田中角栄蔵相だったのではなかったかな。

小黒　そうでしたね。オリンピック翌年の「昭和四〇年不況」は、一年で回復しましたが金融恐慌寸前と言われたほど危機的なものでした。そこに至った原因ですが、まずオリンピック前の景気拡大の原因は、日本が先進国の一員になっていることをオリンピックで内外に知らしめるために、建設国債を発行して財政支出を拡大し、急速に高速道路などのインフラを整備したことです。

しかし、オリンピック後は財政赤字を拡大させないために、拡張した財政支出を引き締めました。その理由は、戦後一九四六年の厳しい預金封鎖や新円切換などの教訓がまだ残っていましたので、大蔵省も緊縮財政を維持しなければいけないと考えたからです。その財政の引き締めと東京オリンピックが終わった時の不況とが相まって、景気低迷に入るのです。そこで、このままでは無理だということで当時の大蔵省は仕方なく財政法で発行が禁止されている「赤字国債」を、時限的な法律（特例公債法）を国会で成立させることで発行します。借金の増加が始まったのはそこからです。

浅井 しかもあの時、日銀特融もやりましたよね。

小黒 山一證券を救済するためでしたね。

浅井 戦後初の。それが田中蔵相でしたね。本で読んだのですが、田中蔵相が当時の大蔵省の幹部を呼んで「こんなことは二度とできない」と言ったといいます。それを思うと、今の借金は桁が違いますね。当時の田中さんが見たら、今の借金は「あり得ない」と言うのではないかなと思います。ある意味で、マヒしていますよね。借金に。

小黒　だんだんマヒしてきていますね。その時は、特例として赤字国債を発行しましたが、一時的に赤字公債の発行がなくなった時もあるのです。しかし、今や赤字国債はほぼ恒常化しています。従来は毎年度、赤字国債の発行のためには特例公債法という法律を国会で成立させる必要がありました。しかし二〇一二年の野田政権の時、参議院では当時野党の自民党が第一政党であるねじれ国会でした。そのため参議院の方で法案が否決されてしまい、予算の執行ができなくなってしまう問題に民主党政権は直面したのです。このような中で、これまで一会計年度の時限措置としていた特例公債法を複数年度化するようになりました。これは、財政規律を緩める側面があります。

実は、二〇一二年度において特例公債の複数年度化の法律を通した時、議会で附帯決議をしています。その附帯決議では、「政府は、プライマリーバランスについて、平成二十七年度までにその赤字の対ＧＤＰ比を平成二十二年度の水準から半減し、平成三十二年度までに黒字化する目標について、その実現に向けて万全を尽くすため、中長期の財政健全化への道筋について、法制化を含め検討すること」という文言が入っているのですが、これは検討されていません。行政府と議会との関係に絡む非常に難しい問題ですけれど、検討せずに再び二〇一六年度から二〇二〇年度までの特例公債法を成立させています。そういうことを財務省も意図的にやっているわけではないとは思いますが、それが結果的に財政規律を弛緩させてしまっている状況であると言えるでしょう。

浅井　でも、これはやはりまずいですよね。無制限に借金はできないですものね。どこかで限界がきますよね。「今まで何ともなかったから大丈夫」というわけにはいかなくなる。政治家の方からは圧力がありますから。政治家は選挙で当選しないと困りますし。でも、このままやっていったら遅くとも二〇三〇年、下手したら二〇二五年以前にかなり大きな何かがありますよね。

先生は、本音ではどう思っていらっしゃるのですか？　私は、その何かが起こるのは二〇二五年以前じゃないかと思っているのですが。二〇三〇年まで、とてももたないと思うのです。

小黒　それは、わかりません。二〇一四年四月に消費増税をして税収が少し改善していることなどもあり、私はオリンピックまでは乗り越えられると思います。二〇二五年の前くらいから、予兆はあるかもしれません。

理由はいくつかありますが、その一つを申しますと、日銀が本当に異次元緩和をやり続けた場合、約一〇〇〇兆円くらいの国債を毎年八〇兆円弱購入しますと一二年くらいは買い続けられます。二〇一三年くらいから異次元緩和を実施していますから、一二年足すと二〇二五年となります。

浅井　ただ、今もうすでに相当な量の国債を持っていますよね。四〇〇兆円くらいですね。国債の発行残高は九〇〇兆円だから、あと五〇〇兆円くらいしかキャパシティがないですよね。

小黒　そうですね。先程の議論は、日本銀行がすべての国債を買い切る理論上の話です。厳密には金融機関なども運用するために国債を持つ必要がありますので、日銀が国債を買いたいと言っても十分に買えない可能性は出てきます。

二〇一八年頃という試算もあります。このような限界は日銀も認識しており、日銀は先般（二〇一六年九月）異次元緩和を軌道修正し、長短金利操作付き量的・質的金融緩和に改め、買い入れる長期国債の量に柔軟性を持たせたのだと思います。

★破綻状況になったら何が起きるのか？

浅井　危機的状況といいますか、破綻状況になった場合、何が起きるでしょう。

小黒　破綻というのは、どういう経路で顕在化するのか、ということだと思います。

浅井　先生は、どういうシナリオが一番あり得るシナリオだと思いますか？

小黒　一番あり得るシナリオは、財務省が国債を発行しようと思い、入札をかけても十分に国債が消化できないというものでしょう。

浅井　日銀がいても、ですか？

小黒　日銀がいてもです。先程申し上げた通り、先般（二〇一六年九月下旬）

日銀は異次元緩和を少し軌道修正し、超短金利操作付き量的・質的金融緩和という新たな枠組みを導入しましたが、それでも年間八〇兆円くらいの長期国債を買い入れています。このまま一〇〇％に迫るまで日銀が国債を持つように進むケースはさすがに難しいので、この政策自体を見直す可能性が高いと思います。長短金利操作付き量的・質的金融緩和では、長期金利をゼロ％に誘導するターゲットを導入していますが、日銀が異次元緩和で購入する国債が減少すれば、長期金利には上昇圧力がかかります。そうすると、今までは安心して国債をいったん財務省から買っていた民間金融機関も、そうはいかなくなります。

もっとも、長期金利の上昇が一定の範囲であれば、国債の運用で収益を確保できるため、一部の金融機関が国債を購入する可能性もあります。しかし、長期金利の上昇スピードが速い場合、金融機関が本当に安心して国債を購入できるかどうかがポイントです。

それを決めるのは財政規律の部分で、今のところ政府は二〇一九年一〇月に消費税を八％から一〇％に上げると言っていますし、二〇二〇年度にはプライマリーバランスを黒字化すると言っています。ただ、これが本当に実現できるかというとかなり難しい可能性があります。二〇一九年一〇月の消費税増税を実施するか否かは、二〇一九年度予算を編成する二〇一八年一二月頃までに決める必要があります。理由は、税収の見積もりがはっきりしないと予算が組めないからです。しかし、二〇一九年の夏には参議院選挙があり、増税の延期を再び公約に掲げて選挙を行なってしまう可能性があります。

もしここで「増税しない」ということになりますと、二〇二〇年度のプライマリーバランスの黒字化というのは絶望的になります。直近の中長期の経済財政に関する試算の七月版で、増税しても経済再生ケースで大体五・五兆円くらい赤字になるといっているものが、さらに五兆円くらい赤字が膨らむわけです。政府は当然、そんな風に増税を先送りすれば二〇二五年くらいに向けてもう一度財政再建計画を見直すプランを出すと思いますが、この部分についてもかなり難しいと言わざるを得ません。

医療費・介護費の合計は二〇一五年度で約五〇兆円ですが、二〇二五年度には約七五兆円に急増することが予測されており、そのような中で財政再建できるのか、という疑心暗鬼が広がっていくようになると「国債を持っていて、大丈夫なのか」という話が出てくる可能性もあります。そうなると、銀行などは今まで日銀が国債を大量に買っていたので安心して売買していたものの、「国債は安心できないかもしれない」となり、財務省が国債を入札してもなかなか思ったような金利の範囲内で買わなくなるかもしれません。

そして金利が上がって行き、国債が市場で十分にさばくことができないということになった場合、危惧が顕在化していく可能性があります。戦時中のように国債に特殊な価値を持たせて無理やり消化することも考えられますが、いずれにせよ、これは一つのシナリオにすぎませんが。

浅井　あとは、円安になり始めた時、どうしたって日本は輸入大国ですから国内インフレになりますよね。アベノミクスの過程でも為替が一〇〇円から一二〇円に進んで行く中で、スーパーのパスタの値段などが実際に相当上がっていきます。これが一二〇円を超えてどんどん円安になって行った場合、金利は上がらざるを得ないですよね。

小黒　そこは金融政策との関係で、あり得ると思います。もし、仮に日銀がターゲットにしている二％のインフレ率にほぼ近づいた場合、日銀はその金融政策を手じまいする方向に舵を切らないといけません。ここで市場とのコミュニケーションをきちんととれるかというところがポイントです。しかも、手じまいにはサプライズは絶対にあってはならず、安定的に市場と対話しながら日銀がコントロールして行けるようにしなければいけません。これもアメリカの事例をみればわかるように、ＦＥＤ（連邦準備制度）がテーパリング（量的金融緩和の縮小）しようと金利を上げて行く方向性を出した瞬間、金利が一五〇ベーシスくらい上がったりすることもあります。ですから緩和政策の手じまい、出口戦略はそんなに簡単なことではありません。

財務省が年間で発行する借換債も含めて発行する国債は約一五〇兆円（二〇一六年度、カレンダーベースの市中発行額）くらいありますが、日銀は今ネットで八〇兆円、グロスで見れば大体一一〇兆円くらい年間で国債を買っているわけです。財務省が発行する新規の国債発行金額のほぼすべてを日銀が借換債も含めて買っているという状況で、ある意味小さな池の中で巨大なクジラが身動きできないような状態です。

浅井　たとえば株式市場で、かつて仕手戦というものがあって仕手本尊がどんどん買っていくと最後にはどうしようもなくなって暴落するのですよね。それと一緒で、その究極の仕手本尊を今、国債においては日銀がやっているわけです。これは市場原理から見て非常に危なくて、最後にはどうしようもなくなると思います。

小黒　問題は、池の中のクジラ状態では市場が正常に機能せず、どのくらいが本当に正しい金利なのかということがわからなくなりますし、流通している国債が市場ではかなり少なくなっていますので、ここで日銀が手じまいを開始し、買い入れる国債を減らしていくと、長期金利がかなりボラタイル（激しく上下）な状況になってしまうのです。場合によっては、金利がかなり跳ね上がる可能性もあります。

浅井　それが今のところぎりぎり何とかなっていますが、債務残高がＧＤＰの二五〇％なのが二七〇％、二八〇％となって行って国民の預金残高と借金が同額になって危機的状況に近づいて、そこで何かが起きたりすると、もうコントロールできない可能性がありますよね。市場原理を軽視すると、後で必ず手痛いしっぺ返しを喰う。たとえば今、中国のバブル崩壊でいろいろなことが起きていて、あの国は隠しているから本当の姿は見えないのですけど、二〇一五年の夏、世界中の株価が暴落した際に中国株も暴落したわけですよね。その時、中国当局は市場で売り規制をかけたりいろいろなことをやったのですが、それがますます投資家の疑心暗鬼を生んでさらにひどいことになりました。

それと同じで、歴史的な長い目で見ると、いくら日本国政府といえども市場に逆らったことをあまり長いことやると、必ず歪みが出てくると思うのです。ジョージ・ソロスも言ったように、市場の矛盾や歪みは極限まで行くとその後とんでもないことになる。「爆発する」という言い方をしているのです。日本の財政は、まさにそういった方向に向かっているのではないかと思うのですが。

小黒　そうですね。現状では日本財政は「時限爆弾」で、そのような方向に向かっている可能性が高いと思います。市場の歪みやその制裁という視点では、国債市場以外でも事例がいくつかあります。たとえばアメリカですと、サブプライムローンが弾けた時、サブプライム関連商品に対して格付け会社が甘い格付けを行なっていましたので市場が歪んでいました。しかし政府が介入している部分がそれほど多くはなかったので、すぐに歪みが露呈し市場の制裁を受けたわけです。しかし、国債マーケットというのは今の日銀の政策もそうですが、かなりの部分において政府が介入しています。金融市場では一番根幹の部分ですから、歪ませようと思えばとことん歪ませることができる。ただ、それも最終的には市場原理には逆らえませんので、その歪みが逆回転して顕在化した時にはショックも大きいことでしょう。

国債だけではなく、直近ですとこちらの資料になるのですが（一六五ページ参照）株式市場の方にも結構歪みが発生していまして、日銀は二〇一六年七月二九日の金融政策決定会合で、それまで年間三・三兆円のペースで買い入れてきた上場投資信託（ＥＴＦ）の購入額を六兆円に増やすことを決定しています。現在（二〇一六年九月一〇日時点）、日銀はそのバランスシート上に約九兆円のＥＴＦを保有しており、日銀が買い入れ対象とするＥＴＦの市場規模は八月末時点で約一五兆円のため、その六割を保有していることになります。しかも東証一部の時価総額は約五〇〇兆円（二〇一六年八月末時点）ですが、日銀が年間六兆円のペースでＥＴＦの買い入れを継続する場合、二〇二〇年には三〇兆円超のＥＴＦを保有することになります。上場企業の発行済み株式数の五％超を保有する株主は、金融商品取引法に基づき原則として五％超を保有することになった日から五日以内に内閣総理大臣に「大量保有報告書」を提出する義務がありますが、日銀は間接的に五％超の株主になることになります。なおニッセイ基礎研究所の試算によると、二〇一七年に日銀の間接的な保有比率が一〇％以上になる株式銘柄数は二一もあります。

ちなみに過去に日銀は銀行の経営不安を緩和するため、銀行から二〇〇二〜二〇〇四年や二〇〇九〜二〇一〇年に株式を買い取っていますが、その保有残

日本銀行のＥＴＦ買入れ

（1）日本銀行のETF買入れと主体別株式ネット買越し額

（兆円）

	日本銀行のETF買入れ額	株式ネット買越し額（▲は売越し）			
		個人	事業法人	金融機関	海外投資家
2013年～2015年の累計	5.4	▲17.4	4.7	▲0.1	15.7
2015年	3.1	▲5.0	3.0	3.0	▲0.3

年間約6兆円に倍増

（2）日本銀行のETF保有残高と市場規模

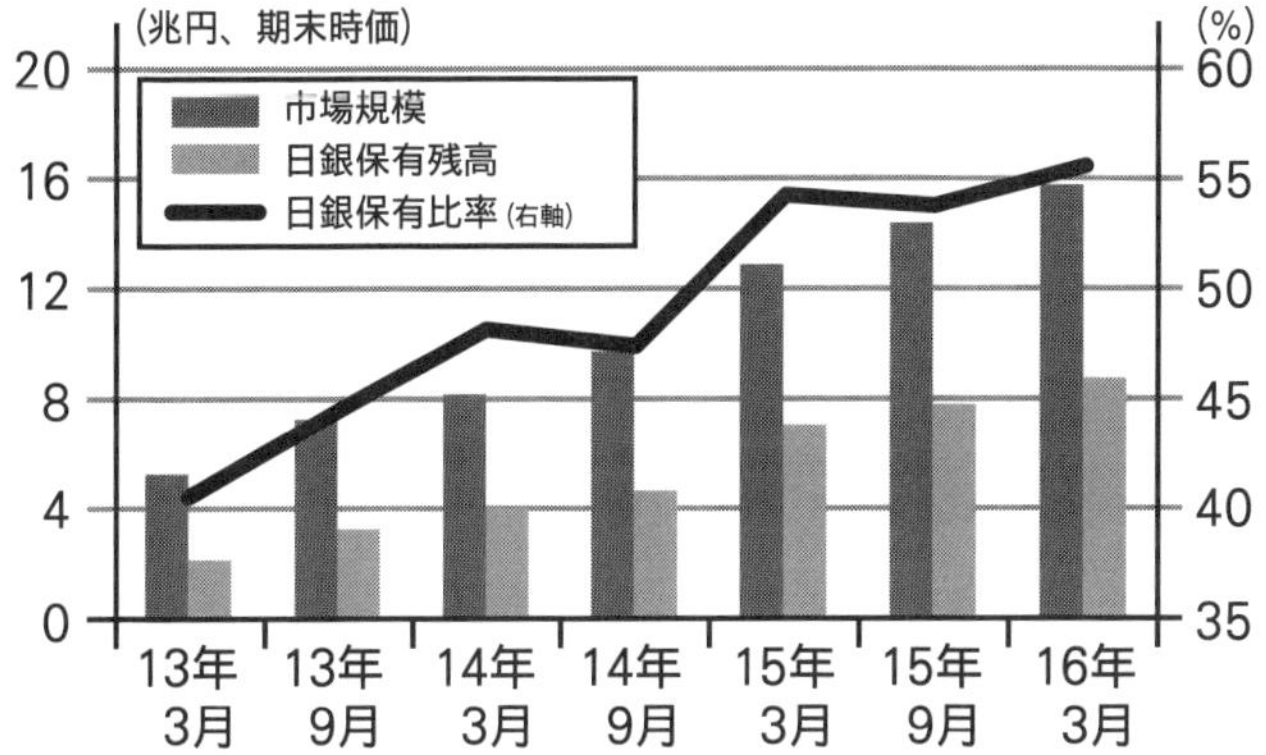

日本銀行、東京証券取引所、投資信託協会のデータを基に作成

高は一・三兆円（二〇一六年四月末）であり、株価の影響に配慮し今後一〇年かけて売却する計画です。このことからわかるように、三〇兆円超ものＥＴＦを日銀が保有すれば、その売却は容易ではないはずで、これでは市場のメカニズムや原理を歪めると言わざるを得ません。

★民主主義のなれの果て

浅井　たとえばですね、非常に大雑把な言い方ですが市場や経済、財政もそうですけれど、それらは人間とまったく一緒だと思うのです。人間の体といいますか、生物とか生命体ですね。あまり無理なこと、たとえば病気なのにそれを隠して元気な振りをする。あるいは、たとえばガンとしましょうか。手術するため短期的に麻酔（麻薬）を打つのはいいのですが、そうではなくてガン患者にずっと麻薬を打っている、痛いのは嫌だからと麻薬を打ち続ける。そういうことは体に悪いですよね。無理がある。

小黒　そうですね。完全に麻薬ですね。少し論点がズレてしまうかもしれませんが、過去に何度か自民党も財政再建しようとしてきました。たとえば小泉政権時には「骨太の方針二〇〇六」というものを作り、かなり思い切った、と言ってもこれから私たちがやらなければならない社会保障改革や税制の抜本改革に比べると大したものではないとは思いますが、改革をしました。当時、社会保障関係費が自然増で年間一兆円くらい伸びていたところを二二〇〇億円減らして伸びを八〇〇〇億円くらいにしたり、それ以外にも公共事業や公務員の人件費なども含め、具体的な歳出削減のフレームを作って改革したのです。

すると、どういう反応が起こったかと言いますと、特に医療関係の方で後期高齢者医療保険制度を創設したのが主な原因だと思うのですが、「姥捨て山」「医療崩壊」などと言われたのです。この制度は、そもそも高齢者の医療費がどんどん急増するところにメスを入れるために作ったものですが、マスコミが大騒ぎしたわけです。「骨太の方針二〇〇六」の歳出削減フレームについては、小泉政権の後も何とか受け継ごうと第一次安倍政権で財政再建派の柳澤さんを厚生労働大臣に任命するなどしましたが短命に終わり、次の福田内閣、麻生内閣も短命に終わったため、事実上、棚上げになってしまいました。財政再建の失敗には麻生内閣の時にリーマン・ショックがあり、景気対策で大規模な補正予算を打たなければならなくなったことも影響しています。そして、あっという間に自民党は政権を失って冷や飯を喰うことになりました。

そういう中で政治家の先生たちも「(国民に)辛いことを言うと当選できない」ということを学習してしまい、ポピュリズム(大衆迎合主義)になってしまった部分があると思います。

浅井　私は大学時代、あまり熱心に勉強はしなかったのですが、早稲田の政経学部の政治学科で政治思想を学んでいました。ギリシャについても勉強したのですが、先生もよくご存知だと思うのですけれど、ギリシャが都市国家でやっていたことは現代民主主義の原型になっていますけれど、彼らにとって本当は民主主義以上にもっと優れた政治形態があって、それをやりたいのだけれどそれができないからしょうがなく民主主義をやったと知りました。

それを「哲人政治」と言います。人徳も備えた完璧ともいえる本当に理想的な人物が独裁者としてすべてを冷静に見て、配慮して決めると。なぜそれがいいかというと、民主主義というのは往々にして衆愚政治に陥り、国民がバラ撒きを要求すると。政治家もそれに応えて、結局最後は堕落して滅んで行くという。今の日本の財政において、それがすべてとは言いませんが一つの縮図としてですね、その通りになっているように思います。

民主党にも改革はできませんでした。一時、群馬の八ッ場ダムについてやろうとしましたけど、結局始めた以上やってくれなきゃ困るという地元の反対もあって。あのダム自体、本当に必要かどうかわかりませんが、最終的に全部で一兆近いお金がかかっているのです。そういうことをやりながらここまで来てしまったわけです。究極的にいうと、このまま改革できないままで行ったら、この国の経済は財政危機を原因とするインフレになりますよね?

小黒　消費税の大幅な引き上げや年金給付の大幅カットのほか、財産税の強化などもあり得るので確かなことは申し上げられないですが、最終的には財政インフレになる可能性も高いと思います。繰り返しになりますが、正攻法の財政再建を前提としますと、最終的に財政を安定化するためには早急に消費税を三〇%くらいにする必要があります。増税や改革を先送りし続けた場合、先にも述べましたがアメリカのアトランタ連銀のブラウン氏と南カリフォルニア大学のジョインズ教授の共同研究によれば、二〇三〇年になったら消費税を一〇〇%くらいに上げないと無理だという、とんでもない数字すら出ています。正攻法の財政再建ができないとすればもう残されている道は限られていて、戦後直後にやったような非正攻法の財政再建しかないというわけです。

その一番手っ取り早い方法が、財政インフレを起こして債務を帳消しにしてしまうということだと思います。ただ冒頭で話題になりましたように、終戦直後の日本の財政の抱えている問題と現在の日本の財政の抱えている、つまり私たちの直面している問題というのは質的にかなり違っている部分があります。終戦直後は戦争が終わったので防衛関係費の膨張は止まり、既存の積み上がった債務だけ片付ければよかったのです。今の方がひどい状況ですね。

★シルバー民主主義に押しつぶされる若者たち

浅井　今どきの若い人は政治に興味もないし、選挙に行かない人も多いですよね。年寄りしか選挙に行かない。大体、若い人に財政の話をしたって興味なんて誰も示さないですしね。一〇〇人中二人くらいじゃないですか。

小黒　私は大学で教えていますが、そこまでひどくはないと思いますよ。

浅井　先生の学生さんはね、経済や財政が専門ですから。一般的な若者は、意見としては持っていても実際にそれで行動したり、周りを説得して何かをやる人なんて、残念ながらほとんどいませんよね。自分のことじゃないですし。

小黒　若い学生と触れていて感じることは、学生もタイプが分かれているということです。日本の財政が厳しいということを非常によくわかっている学生もいます。でも先ほど議論になりましたように、民主主義の問題や政治家の今の体質などを考えると社会保障改革・財政再建は難しく、「これはもう逃れられない」となる。「変えて行こう、提言して行こう」ではなくて、諦めてしまっている若者がいるのも事実だと思いますね。あとは、問題自体を理解していない人もかなりいる、というものも残念ながら間違いではありません。

浅井　今の民主主義はある意味では老人の民主主義と言えるのではないでしょうか。シルバー民主主義、シルバーが決定権を持っている。問題なのは、地方と首都圏の票の格差がかなり大きいことですね。首都圏の意見というのは、実際には大分小さくされています。票の格差は最大、今三倍くらいでしたね。

小黒　この前の参議院選ではそのくらいですね。

浅井　あまり是正されませんものね。自民党は是正しない方が助かりますから。

小黒　地方の方が高齢者の投票者が多いのは事実です。都市部は若い人たちが多い。議席の配分はどうかといいますと、これは難しい問題ですが地方にある程度は議席を置く必要があるという考え方からすると、どうしても一票の格差ができてしまう。地方には高齢者が多いので、政治家の先生はその意見を聞く。それでしわ寄せがくるのが三大都市圏。地方へ再分配することで、政治家の先生たちは票を獲得する。これは言い方が悪いですが、バラ撒き的な部分も出てきてしまっている。加えて地方には高齢者も多いので、その意見が反映される形で医療費、介護費、年金の部分の改革ができないという構図を作りだしているわけです。小選挙区制では各々の選挙区で一人しか当選できませんから、良くも悪くもいろいろな意味で小選挙区制度にしたことの弊害が出てきています。

浅井　大変残念ですが、今の政治の仕組みから行くと改革はほぼ無理と言っても良いのではないでしょうか。今の財政の状況を根本的にまともな形で改革するということは、四、五年以内にはとても無理でしょう。

小黒　財政再建が進むためには、何かきっかけとなるショックが起こらないとどの国でも大体無理です。一番わかりやすいトリガーは、為替で円安が急に進むことです。または、金利が跳ね上がる。他国を見ても、そういうことがトリガーになっています。イギリスなどは二〇一〇年と二〇一五年の二回に分けて財政再建計画をやっているのですが、その原因というのはリーマン・ショック後、イギリスの金利が他のユーロ圏の国々に比べると少し跳ね上がったためとも言われています。その危機感が財政再建の原動力の一部になっている。

翻って日本はどうかと言いますと、今、日銀の異次元緩和で金利が殺されていますよね。したがって、マーケットからの警告が政策判断にまで届かない形になっています。先ほどの人体のお話ですと、本来なら人間の体そのものがガンがいろいろ転移して悲鳴を上げるわけですけれども、その悲鳴も麻薬をより強く打つことによって打ち消されている、というのが現状です。

★銀行が国家を見捨てた？　三菱東京ＵＦＪ銀行のプライマリーディーラー返上

浅井　怖い状況ですね。

小黒　でも、まったく危機感がない状況というわけでもないと思います。その一つの例というのが、三菱東京ＵＦＪ銀行がプライマリーディーラー（国債市場特別参加者）の資格返上を決定したことです。このプライマリーディーラーというのは、その資格を持っていれば国債入札に関して財務省と情報交換できるといったメリットがあります。また財務省が発行する国債は、必ずプライマリーディーラー経由で流通するのでその転売で利益を上乗せできるなど、いわば国債の取引を通じて国のお墨付きで儲けることができるというメリットがあります。ですが、国債入札において発行予定額の四％以上の応札が義務付けられており、恐らく長期的に見て応札義務が発生するリスクというものを三菱東京ＵＦＪ銀行は取締役会などでも真剣に議論をしたのだと思うのです。

プライマリーディーラーを返上するということは、財務省に対して「自分たちはもう国債消化に協力できないかもしれませんよ」と言っているようなもので、非常に重い決断です。

しかし、三菱東京ＵＦＪ銀行はとても賢い組織体だと思うのは、彼らは本体がプライマリーディーラーを返上しても、傘下の子会社の証券会社などは依然としてプライマリーディーラーに入っていますから、グループでは国債を買うことができるわけです。今、民間金融機関が国債を買うと、一〇〇で買ったものを日銀が高く買ってくれるので利益を上げられます。グループ全体としてはこの稼げる部分を捨てていないのです。この辺りは非常に賢いなと思います。

ただ、もし日銀が買わなくなった時には転売する先がなくなってしまうので、そのリスクをヘッジしなければならない。たとえば損失を抱えるようなこと、特にマイナス金利政策がスタートしてからですと長期金利がマイナスになっていた時期もありますが、長期金利がマイナス一%の場合、それは一〇〇円の国債を一〇一円で買うのと同じ感覚です。これを償還まで持ち続けても一〇〇円しかお金が入ってきません。つまり、一円損する国債を購入するわけです。

入札で購入した国債を全部転売し利益を確保できれば問題ないですが、一部転売できない場合は損を抱えることになります。民間銀行も上場企業ですから株主には説明責任がありますが、「何でこれを買っているかというと、いざという時は償還前に一〇二円で買ってくれる日銀という大口のお得意さんがいるから大丈夫です」と今は説明できます。しかし、長期的に見て異次元緩和の行き着く先はどうなるかわかりません。異次元緩和の出口というのは、日銀が国債を買わなくなるということです。不確実性があるので、そのリスクをヘッジするということも当然必要です。財政の持続可能性について真剣に考えた上での資格返上だと思います。

浅井　ある意味、民間銀行が国家を見捨てたということでしょうか。

マイナス金利でも銀行等が国債を買う理由

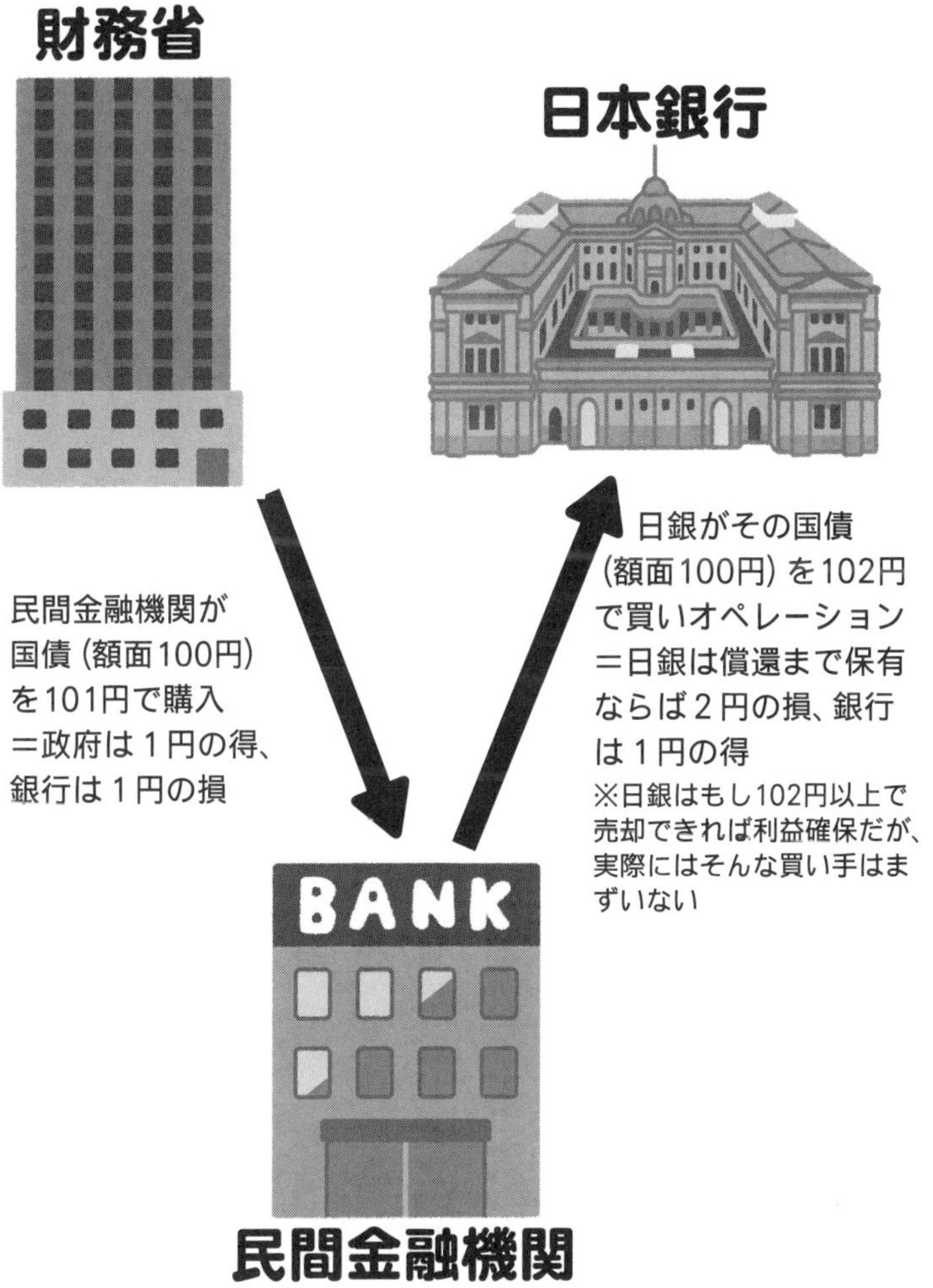
財務省
日本銀行
民間金融機関が
国債（額面100円）
を101円で購入
＝政府は１円の得、
銀行は１円の損
日銀がその国債
（額面100円）を102円
で買いオペレーション
＝日銀は償還まで保有
ならば２円の損、銀行
は１円の得
※日銀はもし102円以上で
売却できれば利益確保だが、
実際にはそんな買い手はま
ずいない
BANK
民間金融機関

小黒　はっきり言えば、そういうことです。

浅井　こういうことは、日本の戦後初めてのことでしょう？

小黒　三菱というのは従来、国と一体でしたしね。

浅井　二、三年前までは三菱が率先して「私がやります！」と言っていましたものね。財務省からすると〝裏切り者〟という風に思っているみたいですね。でも、そう言われてでも生き残りを図らないといけない。それだけ危機意識を持っているのでしょう。状況は変わった、ということでしょうね。

★激論、日銀が国債を買うことが諸悪の根源？

浅井　「日銀が国債を買えば何とかなる」という議論がありますが、それについて先生はどうお考えでしょうか。

小黒　これはさっきの議論の復習になってしまうのですけれど、日銀が国債を買ったからといって国、つまり私たち国民の負担が減るわけではないのです。いったん民間銀行などの金融機関が引き受けた国債を日銀がもう一度買うケースが異次元緩和のスキームですが、金融政策の本質は等価交換に過ぎず、国債の国内消化の限界を決めるのは「国内貯蓄」なのです。この国内貯蓄（預金）の総量を変化させるわけではない、というのが、大きなポイントの一つです。

この意味を順番に説明しましょう（一四四～一四五ページ参照）。まず政府が国債を発行する場合、民間銀行に国債を買ってもらうわけですが、民間銀行が国債という資産を買うためには、タネ銭がなくてはいけない。そのタネ銭が私たちの預金であるのです。この預金を使って（すなわち預金を運用するため）民間銀行は住宅ローンとして個人にお金を貸したり、企業に融資として貸したり、そして国債を買ったりしているのです。そして、異次元緩和では民間銀行が政府から買い取った国債の一部を今度は日銀が買って、代わりに日銀内に開設している民間銀行の当座預金にお金を振り込む。これが「準備」（日銀当座預金）と言われるものなのですけれど、これは国債と準備の等価交換なのです。国債が単に日銀の「準備」に切り替わっているだけで、預金の総量が増えているわけではないということです。今はゼロ金利なので国債の金利もほぼゼロだし、日銀に民間銀行が預けている「準備」の金利もほぼゼロ金利で、国債も「準備」も基本的に無差別で概ね同等になっています。

しかし、デフレを脱却し金利が正常化するとなにが起こるのか。国債の金利も市場金利に近づいて行って、その中で「準備」の金利だけを抑制すると他の資産運用での金利収入と比較して「準備」の金利収入が十分に入ってこなくなります。民間銀行では困ってこの「準備」のお金を取り崩して別の投資に使って利益を得ようとします。先にも述べましたが、貨幣の流通速度が上がってインフレ圧力が一気に高まるわけです。すると、日銀はインフレも金利もコントロールできなくなってしまう可能性が出てきます。

そこでどうするかといいますと、最終的には法定準備率を引き上げるか、もしくは「準備」に金利を十分に付ける。もし十分な金利を付ければ、日銀は所詮は政府の子会社みたいなものですから、政府と日銀を一体として見るとそれは国債を発行しているのと同じことになりますからまったくメリットがない。繰り返しになりますが、そういう意味では国債の一部が「準備」という超短

日銀が国債を買い切っても、国民負担なしに財政再建は不可能

第1の理由

金融政策は資産の「等価交換」で、日銀が買い取る国債を支えているのは主に我々の預金であるため（=貯蓄が国債の国内消化の限界を決める）

第2の理由

もし金利が正常化する中で、市場金利との比較で、「超過準備」の付利を適切な水準まで引き上げずに抑制する場合、政府部門と日銀の統合政府でみると、それは預金課税を行なっているのと実質的に同等なため。

また、「超過準備」の付利を適切な水準まで引き上げる場合、統合政府でみると、「超過準備」は実質的に国債発行（短期国債の発行）と概ね同等になるため。

期の国債もどきのようなものに変わっているだけで、国債全体のボリュームが変わっているわけではありませんし、国債消化のキャパシティを決めているのは私たちの預金（国内貯蓄）だということになります。

浅井　極端な仮定ですが、何もやらなかったとします。金利も自然に放っておいて、日銀が国債を買うこともしない。その場合、これだけ国に借金があってこれだけ国債が発行されていたら、すでに何か起きてますよね。長期の話で言いますと、一九九〇年にバブルが崩壊してそれからデフレが来て。株は暴落するし不動産は下がるし金融機関はおかしくなるし。そこで財政出動したり金融緩和をどんどんやって行って、それで支えてきたわけです。そういうことを一切やらなかったとしたら、現状は経済がもっとひどいことになったわけです。

しかし、何もしないで日本が恐慌になっていれば、どん底まで行っていればですね、次は自然に株価も景気も上がってきますから良かったのかもしれません。潰れるところは全部潰れてしまい、瞬間的に数年間はとんでもないことになっていたかもしれませんけど。政府が支えなければね。今の、日経新聞も含めて経済について何かを言っている人たちというのは「政府が何かやればいいんだ」というような、結局そういう議論になっています。日銀の金融政策も含めてですが、すべて政府に依存している。

今、世界中が中銀相場ですよね。中央銀行が支えている。国債を買って長期金利までコントロールして。先ほども出ましたが国債だけでなく無責任にＥＴＦも買っているわけですよね。そういう政府管理をしなければ、たしかに一時的には悪い状況が来るかもしれないけれど、逆に人間と一緒で、病気になった時に本当に弱い人は死んでしまうかもしれないけれど、ちゃんと免疫力を持った人間は回復して行く。シュンペーターの言うように「創造的破壊」です。恐慌というのは一種の淘汰ですから、淘汰をちゃんとすれば企業もその時は苦しいし、たくさん失業者も出るけれど、いずれ本来備わっている免疫力、回復力で世の中は元に戻る。結果的には必要な過程だと言える。逆に、政府がある程度のことをやって守るのはいいですけど、守るという名目の下にコントロールしすぎると、後でとんでもないしっぺ返しを喰う。しかも、ここまで支えてこの程度の景気ですから、本当は日本の経済はもっとひどい状況なのではないかと私などは思うのです。

だからと言って、何もやるなというわけではありません。あまりにも介入してあまりにも無理に支えたものというのは、その時はいいかもしれないけど長期で見ますともっと大変なことがやってくるのではないかと思うのです。根本的な話でいうと、これだけコントロールしてしまうと本来は淘汰されるべきゾンビ企業が生き残って、逆に自分たちで何かをやろうという人が出てこられないわけですよ。アメリカなどはイノベーションが出てくるじゃないですか。これは、教育を含めていろいろな問題があるとは思います。日本の教育は、公立の学校ですと教科書もほぼ全部一緒ですよね。これでは中国のことを笑えないのではないかと思うのです。アメリカの多くの小学校では、先生が教科書を自分で自由に選べるといいます。世界中の本の中から何でも自由に選んで良いのです。小説でもなんでも、自分でそれを教材として使いたければ自由に選べるのです。そういう中からこそ、イノベーションが出てくるわけです。古くはアップルあり、Ｕｂｅｒなどもそう。全部アメリカからですよね。中国からは出てきません。

日本はバブル崩壊後、全部政府にツケを回せばいいと考えてやってきました。国民も政治家も「政府が何とかしろ」と甘えているわけです。だから日本政府の借金は増え続け、それでも経済は好転しないから、最後どうしようもないから日銀の異常な金融政策に頼るという。これは確かに短期的にはもつかもしれないけど、長期の話でいうと本来やってはいけないことですよね。国家として。私は、このことを大変危惧しているのです。

小黒　浅井さんのおっしゃることはよくわかります。今、日本経済にもっとも必要なのは「構造改革」や「働き方改革」などですね。財政拡大や異次元緩和によるモルヒネは、それを遅らせるような方向に作用しているような気がします。金融政策の関係でいうならば、金利が企業の生死を決める部分もあります。本来、日銀がこれだけ大規模な金融政策をしなければ、もうちょっと高い金利だったはずです。そうすると当然、借り入れをしている企業にとっても金利が高くなるので、はっきり言えば潰れる企業も結構増えて、シュンペーターのいうところの「創造的破壊」のようなことも起きていたはずです。逆に言うと、浅井さんもおっしゃるように、潰れて人が移動することによって新しいイノベーションが起こるという側面もあるわけです。その部分を結果的に妨げているところはあると思います。

たとえば従来、財政出動として何をやっていたのかというと、公共事業を拡大させていたのです。ある意味で公共事業というのは失業者の受け皿でした。それで景気対策と同時に雇用の受け皿を作ったという面もあると思います。しかし、そういうことをやっていると産業構造の転換が遅れるわけです。最近、ちょっとまた従来型オールドケインジアン的な政策に戻ってきているような雰囲気があるので心配ですね。

浅井　国家も民間もそうなのですが、痛い目に合わないと改革ってやらないじゃないですか。民間も大部分は構造改革が結局できていないと思います。ゾンビ企業も生き残っていますし、政府系金融機関なども救済と称して結構バラ撒いています。あまりきちんとした審査もせずに融資していると、過去にも批判されていますよね。「無担保・低利で借りられるなら借りてしまえ！」という企業もある。そうすると、回収できるのかという問題があります。

　子供の教育と一緒ですよ。子供はある程度、厳しく教育しなければいけない。折檻するほどまでやってしまうと問題だけど、適度に厳しくしないと大人になった時にだめな人間になってしまう。それと一緒で、日本人は戦後いろいろなことがあった過程で、自分たちに厳しくするということにおいて失敗した。それが財政の面でも国に押し付ければいい、自分が負担するのは嫌だ、年金も減らされるのは嫌だとなっている。

　最近は財政と金融が一体になってまでごまかしてきたけれど、さすがにGDPの二五〇％を超えてくるとこれはもう、そういう問題ではすまなくなってしまったというのが現状なのではないかと思うのです。

小黒　その通りですね。ただ、政策的にサポートしなければいけない時期もあるとは思います。たとえば、バブルが崩壊した直後などです。一例で言いますと「ＧＤＰギャップ」（経済の供給力と現実の需要との差）が急速に拡大したような時です。ＢＮＰパリバの資料で見ますと、一九九〇年直後ですね。バブル崩壊で一時期すごく悪化しているのですが、ここを見ると大体三％（一八九ページの図のＡの部分）くらいまでギャップが拡大しています。今でいうと、ＧＤＰが五〇〇兆円なので一五兆円くらいのギャップが発生していることになります。本来、これだけ経済成長する能力が供給サイドにあるのに、需要サイドは一気に縮んでしまった。あとはリーマン・ショックの時（一八九ページの図のＢの部分）ですね。こういう時は、たしかに対策を打つ必要があるのです。そして今、需要サイドのＧＤＰと供給サイドのＧＤＰがほぼトントンになってきています。そういう時は、政府が大規模な経済対策を打つような状況なのかという疑問もあるのです。

財政赤字が膨らんでいる主因は、社会保障費が急増している中でその財源を賄えないという理由が大きい。それが根本問題ですが、最近復活してきている従来型公共投資も問題です。直近の第二次安倍政権の最初の段階では、金融政

GDPギャップ

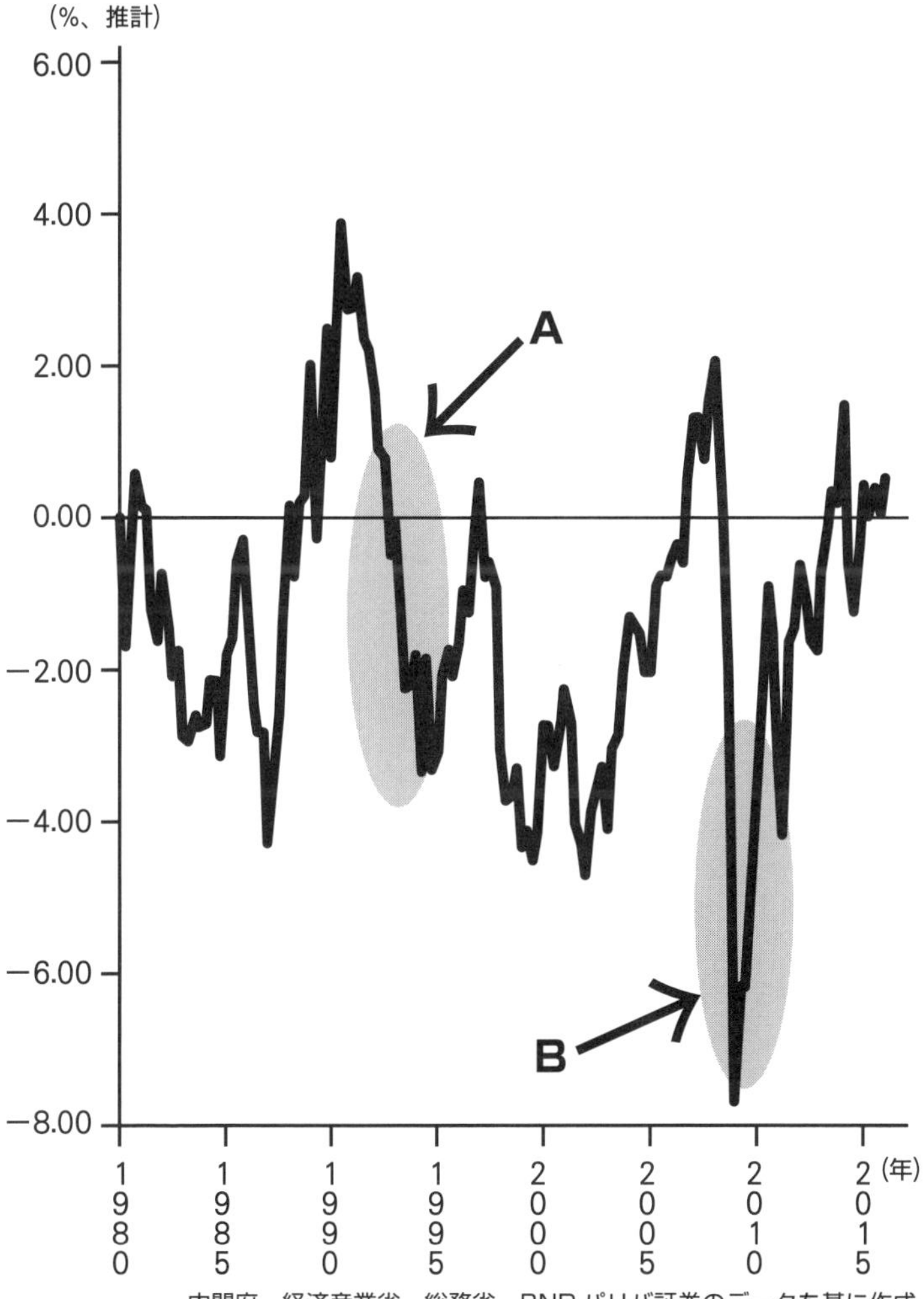

内閣府、経済産業省、総務省、BNP パリバ証券のデータを基に作成

策さえ何とかすればうまくいくという雰囲気が強まり、どちらかといえば金融政策面からアプローチしたのですけれど、最近は異次元緩和の限界も徐々に明らかになり、再び財政中心の方向で議論するようになってきています。

★アベノミクスって一体何？

浅井　アベノミクス第二ステージと日銀の金融政策。最近は何をやってももう効果がなくなってきていますね。しかし、それでもさらに何かやらないと格好がつかない。アベノミクスって一体、何なのでしょうか。

小黒　アベノミクスとは何なのか、私も教えていただきたいくらいです（笑）最初のアベノミクスというのは一本目の矢（大胆な金融政策）、二本目の矢（機動的な財政政策）、三本目の矢（民間投資を喚起する成長戦略）をミックスするという話だったはずです。

浅井　こう見ていいものでしょうか？　アベノミクスの第一の眼目は、単純に言うと円安にして景気回復を目指すことで、そのために日銀に異次元緩和をやらせた。実際、ふわっと株価も上がり一時期に円安にもなった。企業も製造業を中心とする大企業が増収増益となり、確かに税収は上がったけれど、これですべて終わったのか。実は海外からは懐疑的な目で見られています。構造改革が規制緩和を含めて弱く、日本経済の体質は本質的には何も変わっていないと。本来、バブル崩壊後に日本がやるべきだったのは構造改革ですよね。

小黒　その通りです。本来のアベノミクスというのは構造改革を進めるための三本構造になっていたはずです。一本目と二本目はいわば需要サイドに働きかける短期的な政策で、三本目の成長戦略が供給サイドに働きかける中長期的な政策で、これが構造改革です。つまり金融政策と財政政策で少し麻薬を打ちながら、痛みを伴う構造改革を進めるものでした。すなわち、本当に重要なのは三本目の構造改革の部分だったわけですが、この一番大切な部分についてはご指摘の通り、あまりメスが入っていません。

浅井　私が聞いた話では、官僚と大企業の既得権益が強くて構造改革はなし崩しだといいます。しかも、確かに第一次アベノミクスで景気も一部の企業の業績も大分良くなった。「それなら、これでいいじゃないか」と、もう改革をやらなくていいじゃないかというような。

小黒　最初の時は、金融政策の部分でかなり見かけ上、うまくいっているように見えました。株高にもなり、円安にもなって。ただ円安になれば当初は輸出が増えると期待していたのですが、思っていたほど増えなかった。私は元々、そうはならないと言っていたのですが、何人かの専門家の人たちは期待していました。これはデータをみれば明らかでして、海外での現地生産の広がりもありますが、製造業などは円高になっても円安になっても輸出入の決済をうまく制御するために円建てで取引する部分もあったのです。そのため、円安に変わってもあまり関係がなかった。

浅井　為替ヘッジですね。確かにそうですね。

★世界の流れに乗り遅れた日本経済

小黒　あと、今回の異次元緩和で改めて明らかになったことですが、円安になって確かに日本製品の価格競争率が多少上がったとしても、本当に価値があるもの、先ほどのＵｂｅｒやアップル社の話ですけども、そういうものを作らないと売れないのだという事実に直面したということですね。これは構造改革が必要なことを意味します。

浅井　高度成長期に日本の得意分野だった白物家電などは、すでに中国の有名な企業は日本と変わらない品質ですし、サムスンも日本の企業とほとんど変わらないものが作れます。たとえば炭素繊維など、よほど特殊な素材のようなものでないと特化できません。しかし、これは限られていますから一部の企業だけで大きな雇用にならない。そう考えて行きますと、成長産業が見出せない一方でこれから少子高齢化がますます進み社会保障費も増えてくるわけですから、今はバラ撒きで何とかしていますけれど、どう考えても一〇年、二〇年単位で考えたら絶対にもう、もたないですよね。財政もそうですが、それ以前に日本の民間の経済自体が活性化していない。

小黒　経済活性化という視点では、私はこのあたりは専門分野ではないのですが、バブルが崩壊する直前くらいにベルリンの壁が崩壊し中国などが市場経済に参入してきて安い賃金で労働を提供する場が増えてきたことや、アップルやグーグル、アマゾンなどに代表されるIT革命が深く関係していると思います。

「スマイルカーブ」という言葉があります。あらゆる産業に見られる現象ですが、電子機器産業を例にいうならば、川上の製品開発段階と川下の流通・サービス・メンテナンス段階の付加価値や収益性が高く、中間の組み立て製造段階は収益性が低くなる。ですから、合理的に考えれば企業がその収益性を高めるためには、企業は川上の製品開発段階や、収益性の高い川下の販売段階（ブランディングを含む）に自らの資源を集中的に投下し、中国が代表例ですが収益性が低い中間の製造段階は海外に外注してしまうのが賢い戦略になります。一番典型的な例ですと、アメリカのi-Phoneはその戦略や構造をとっています。どこが製造しているかというと、中国に主な生産拠点を置く台湾の企業フォックスコン、そしてその下に鴻海（精密工業）がいて組み立てています。こういう世界的潮流は、ある意味で日本にとってはとても不利であると言えます。系列を重視するような大企業なども、他の市場で代替できてしまう製造部分を捨てなくてはなりません。これは終身雇用とも馴染まないですし、日本が製造業で乗り遅れてしまう原因の一つになっています。

アメリカにはそういう仕組みや考え方はないので、自在に組み替えてコストが安いところに、または利益が少ない部分をアメリカの外に出してしまうことができた。その流れに日本は乗り遅れてしまったと思うのです。今、その流れの延長線上で起こっているのは、サービスセクターにＩＴが入ってきてまさにＵｂｅｒとか、情報の非対称性をＩＴのテクノロジーを使って埋めることによって莫大な価値を生むような試みですね。

浅井　大きな変化が世界的に起きていますよね。日本の場合、Ｕｂｅｒは省庁の規制が強く、白タクが禁止だとか言って無理ですよ。一方、海外ではどんどん進んで行って日本だけ取り残されてしまいました。

小黒　大きな変化ですね。ＩｏＴや人工知能（ＡＩ）、ビッグデータを含めＩＴ革命が進む中、これから消費者に売るものは製品ではなく、ＩＴを活用したサービスだという認識を深める必要があると思っています。ＩｏＴなどを製品に対する単なる機能の追加だと認識するのは大きな間違いで、データは資産であり日本の経営者は根本的に発想を変えなければならないと思います。行き着くもっと先に見えてきているのは、一番上に人工知能（ＡＩ）という脳があってその下にはハイテク機器にＩｏＴなどが組み込まれて、そこが人間でいうと神経細胞のようになっている感じです。そこから情報が伝達され、情報（ビッグデータ）がプールされる。ビックデータも頭脳がなければ意味がなく、解析しながらディープラーニングで価値を見出していく。この意味でビッグデータは人工知能が進化するために必要な「食糧」ですが、経済学的には「資産」でもあり、データを融合することで莫大な価値を生み出します。このメカニズムを構築しようとしているのは、大手であればグーグルとかフェイスブックなどでしょうか。日本でもソフトバンクなどはある程度、そのことは視野に入っていると思います。

浅井　そうなったら、トヨタなどでも将来、下請けになってしまう可能性もゼロではありません。

小黒　自動車の製造などは、パソコンと同じような感覚になろうとしています。

浅井　グーグルなんて最先端で実験してますものね。ビッグデータの活用など得意のＩＴ技術を駆使して、自動運転システムの開発に乗り出していますね。自動運転の核になる部分を自分たちが握って、それを自動車メーカーに供給しようという企業戦略。戦闘機もそうですが、アメリカはブラックボックスの部分は絶対に日本には見せないし触らせない。どうでもいい手足だけを作らせて。日本は確かにその部分では優秀なのですが、それだと一番大事なところが弱く利益率も低い。一番儲かるところはアメリカがすべて独占してしまうわけです。

小黒　話が少しそれますが、経済の取引の大きなカギを握っているもう一つの部分が「仮想通貨」だと思っています。ビットコインなどですね。フィンテック（情報技術を駆使して金融サービスを生み出したり見直したりする動き）という言葉に象徴されますが、今まで大手金融機関が独占していた業務を、個人や新興金融企業ができるようになり始めたことで業界の構造が変化し始めています。そういう中で「仮想通貨」を発行する組織が必ず「ゲーム・チェンジャー」になると思っています。なぜかというと、ビッグデータというものは情報の集まりなのですけど、経済で何かを取引した時に必ず動くものがあるのです。それが「マネー」ですが、仮想通貨が経済取引の裏側で生成するビッグデータは「スーパー・ビッグデータ」なのです。

データ＝アセット（資産）になる時代が近づいていて、これは目減りしません。目減りしなくて、不動産と違って世界中どこかで持っている情報を瞬時に移動することができますから、良質なビッグデータやそのプラットフォームを制するものがこれからの世界経済を制することになると思います。

★国家も民間もダメになってしまう

浅井　ところで話を元に戻しますと、日本の危機的状況というのは二つあって、一つは構造的に悪化していく財政そのもの。もう一つは財政と金融とが一体になって何でもありで国が支えている間に、国民が「何とかなるだろう」と思うようになってしまった点。いろいろな意味で変化と危機が迫っているのに、安心しきっているのです。そして国民はバラ撒きを要求し、企業も適当にやっておけばアベノミクスが円安にしてくれたし、株も上がったし大企業は儲かったし、利益も出たからこれでいいと思っている。実は根本的な世の中の大きなトレンドの変動が来ているのに、次のトレンドも読まずにこのまま行けると甘えてしまっているのです。このままでは近い将来、国家も民間もダメになってしまうと私は深く憂慮しています。つまり、国家と民間の両方の危機なのです。

しかも、少子高齢化で本当に老人だけ増えてしまうわけです。最悪、下手をすると二〇三〇年頃、あるいはもうちょっと前にそういう状況になってもおかしくない。その時、財政破綻によって国家自体がボロボロになり、そして民間もアベノミクスに甘えている間に世界の変化から取り残されて時代遅れになっている。それが一番怖いなと思います。そうなったらどこの国でもそうなのですが、優秀な人は皆、海外に出てしまうのです。

小黒　そうですね。財政破綻すれば、優秀な人が出て行く一方で、外からは人が入って来なくなる可能性が高いと思います。日本はいざとなれば門戸を開ければ介護人材が確保でき、人が入ってきてくれると思っています。けれども為替レートは重要で、もし財政破綻したりすれば為替がひどい円安になってしまうわけです。そのような状況下で海外の人たちがわざわざ日本に来て働いても旨味がない。そもそも、財政破綻している国に行きたいとも思わないでしょうし。

浅井　財政破綻していたら政府だって社会保障費を出せないですしね。ですから、私はできたら今すぐに大規模な改革をキチッとやるべきだと思うのです。国も民間も両方でね。つまり、危機意識を日本人は強く持つべきだと。

もちろん、どん底までいけばそこからはまた這い上がってくるのでしょうけど、どん底の状態が長引いたり、さらにもっとひどいことになってしまうことは避けたい。アルゼンチンは一〇〇年前、世界一のお金持ち国だったけれど今はひどいものです。リオ・オリンピック直前に見てきましたが、貧民街はひどいし、デフォルトを六回も七回もやってる。いまだに自分の預金も自由に引き出せませんし、誰も銀行や国家や自国通貨を信用していないのです。

小黒　私も同じような認識です。財政破綻を回避するためにも、今すぐに抜本改革を進める必要があります。ですが、財政再建のスピードは遅い。一九九七年に消費増税してから二〇一四年に増税するまで一七年間かかっているのです。たった三％の増税のために一七年です。財政破綻を回避するためには、これから財政・社会保障の抜本改革を行なう必要がありますが、財政のターニング・ポイントになる二〇三〇年まで残すところ一四年ほどしかないのです。その間に本当に大きな改革ができるのか。

浅井　市場でいろいろな変動が起きてしまえば、下手をすると二〇三〇年までもたないですよね。二〇二五年くらいになる可能性もありますからね。そうすると、あと九年ですよ。しかももうすぐ二〇一七年を迎えますから、そこからだと八年しかないわけですよ。あっという間ですね。

そこで先ほどの話に戻しますと、アベノミクスの正体というのは一種の……。

小黒　はっきり断言することは難しいですが、「ポピュリズム」（大衆を重視しその支持を求める手法あるいはそうした大衆の基盤に立つ運動）的な側面が強く、別の政策の「隠れ蓑」なのではないかと思ってしまいます。それはもう単純な話で、安倍さんが本当にやりたいことの中に安全保障、さらに憲法改正があるとすると、安全保障の見直しだけでもそれなりに政治的な資源（ポリティカルキャピタル）を使うので、支持率を下げないためにも何らかの方法で政治的な資源をチャージする必要があるのです。そのために一番手っ取り早いのは、消費増税を先送りするほか金融政策などで株価を上げ企業に賃金を上げさせ、そういう施策で国民の支持率を上げた中で同時に安全保障や憲法の問題をやることなのです。

浅井　彼の本音はそっちでしょうね。

小黒　断言はできませんが、その可能性はあります。当然、ある程度は財政問題などについても解決していかないといけないというのは頭の中にあると思います。だから二〇一四年の八％への消費増税は実行したのだと思います。しかし、その後にやらないといけない改革はもっと辛い。そもそも二〇一四年の増税自体、安倍総理が決めた話ではなくて前の政権で決まっていたものを実行しただけです。異次元緩和であれだけ株価が上がっていく中でしたから増税しても大丈夫だと思って踏み切ったけれど、増税してみたら経済にはそれなりのショックがあり、ひるんでしまったわけです。増税すればショックが走るのは当たり前なのですが、以降の増税や改革について及び腰になっている。でも、そのツケの先送りに待ち受けるコストというものは、現在やらなければならない改革の比ではないというのが事実だと思います。

浅井　一部報道で見ましたが、安倍さんという人は経済とか財政にほとんど興味がなく、道具と思っているだけだと。さっきの話の通り、安全保障・憲法改正が彼の本当にやりたいことで、財政問題についてはあまり理解もしていないという話を聞いたことがあるのですけど。

小黒　一つ言えることとは、二〇一四年四月に消費税を上げた時には一応世論……何を世論というかは議論がありますけど、新聞などの報道の世論調査でも増税した方が良いという人が過半数くらいはいたのです。けれど、今はいなくなってしまった。そういう意味では、とても民意に忠実な政権と言えるかもしれません。それこそが支持率を上げる方策ですね。

浅井　支持率を上げることがすべてというわけですね。大分前の話になりますが、イギリスのサッチャー首相（当時）が英国病と言われた経済を立て直すために改革をいろいろやりました。イギリスで取材した時に聞いたのですが、サッチャーは当時、ボロクソに言われたみたいです。「クソババア」呼ばわりで。そのくらい、改革というものはキツイ話ですよね。

小黒　今回もイギリスではキャメロン首相は逃げてしまいました。EU離脱の国民投票の結果を受けて、辞めてしまいました。そして、また女性のメイ首相が出てきた。かつてのサッチャーもそうですが、イギリスという国は困ったら女性が出てくるのですね。

浅井　改革というのは、たとえて言えば手術ですから、誰だってキツイわけです。皆が何かを負担をしないといけない。コストを皆で分担しあって、自分の財布から支払わないといけない。

（以下、下巻に続く）

浅井隆からの重要なお知らせ

――国家破産を生き残るための具体的ノウハウ

厳しい時代を賢く生き残るために必要な情報収集手段

国家破産へのタイムリミットが刻一刻と迫りつつある中、ご自身のまたご家族の老後を守るためには二つの情報収集が欠かせません。一つは「国内外の経済情勢」に関する情報収集、もう一つは「海外ファンド」に関する情報収集です。これについては新聞やテレビなどのメディアやインターネットでの情報収集だけでは絶対に不十分です。私はかつて新聞社に勤務し、以前はテレビに出演をしたこともありますが、その経験からいえることは「新聞は参考情報。テレビはあくまでショー（エンターテインメント）」だということです。インターネットも含め誰もが簡単に入手できる情報で、これからの激動の時代を生き残っていくことはできません。

皆様にとってもっとも大切なこの二つの情報収集には、第二海援隊グループ（代表　浅井隆）で提供する「会員制の特殊な情報と具体的なノウハウ」をぜひご活用下さい。

"国家破産対策"の入口「経済トレンドレポート」

最初にお勧めしたいのが、浅井隆が取材した特殊な情報をいち早くお届けする「経済トレンドレポート」です。浅井および浅井の人脈による特別経済レポートを年三三回（一〇日に一回）格安料金でお届けします。経済に関する情報提供を目的とした読みやすいレポートです。新聞やインターネットではなかなか入手できない経済のトレンドに関する様々な情報をあなたのお手元へ。さらに国家破産に関する『特別緊急情報』も流しております。「国家破産対策をしなければならないことは理解したが、何から手を付ければ良いかわからない」という方は、まずこのレポートをご購読下さい。レポート会員になられますと、様々な割引・特典を受けられます。詳しいお問い合わせ先は、㈱第二海援隊

TEL：〇三（三二九一）六一〇六　FAX：〇三（三二九一）六九〇〇

具体的に〝国家破産対策〟をお考えの方に

そして何よりもここでお勧めしたいのが、第二海援隊グループ傘下で独立系の投資助言・代理業を行なっている「株式会社日本インベストメント・リサーチ」（関東財務局長（金商）第九二六号）です。この会社で二つの魅力的な会員制クラブを運営しております。私どもは、かねてから日本の国家破産対策のもっとも有効な対策として海外のヘッジファンドに目を向けてきました。そして、この二〇年にわたり世界中を飛び回りすでにファンドなどの調査に莫大なコストをかけて、しっかり精査を重ね魅力的な投資・運用情報だけを会員の皆様限定でお伝えしています。これは、一個人が同じことをしようと思っても無理な話です。また、そこまで行なっている投資助言会社も他にはないでしょう。

投資助言会社も、当然玉石混淆であり、特に近年は少なからぬ悪質な会社に対して、当局の検査の結果、業務停止などの厳しい処分が下されています。しかし「日本インベストメント・リサーチ」は、すでに二度当局による定期検査を受けていますが、行政処分どころか大きな問題点はまったく指摘されませんでした。これも誠実な努力に加え、厳しい法令順守姿勢を貫いていることの結果であると自負しております。

私どもがそこまで行なうのには理由があります。私は日本の「国家破産」を憂い、会員の皆様にその生き残り策を伝授したいと願っているからです。その生き残り策がきちんとしたものでなければ、会員様が路頭に迷うことになります。ですから、投資案件などを調査する時に一切妥協はしません。その結果、私どもの「ロイヤル資産クラブ」には多数の会員様が入会して下さり、「自分年金クラブ」と合わせると数千名の顧客数を誇り、今では会員数がアジア最大と言われています。

このような会員制組織ですから、それなりに対価をいただきます。ただそれで、私どもが十数年間、莫大なコストと時間をかけて培ってきたノウハウを得られるのですから、その費用は決して高くないという自負を持っております。まだクラブにご入会いただいていない皆様には、ぜひご入会いただき、本当に価値のある情報を入手して国家破産時代を生き残っていただきたいと思います。

そして、この不透明な現在の市場環境の中でも皆様の資産をきちんと殖やしていただきたいと考えております。

一〇〇〇万円以上を海外投資へ振り向ける資産家の方向け「ロイヤル資産クラブ」

「ロイヤル資産クラブ」のメインのサービスは、数々の世界トップレベルのファンドの情報提供です。特に海外では、日本の常識では考えられないほど魅力的な投資案件があります。

ジョージ・ソロスやカイル・バスといった著名な投資家が行なう運用戦略としておなじみの「グローバル・マクロ」戦略のファンドも情報提供しています。

この戦略のファンドの中には、株式よりも安定した動きをしながら、目標年率リターンが一〇％～一五％程度のものもあります。また、二〇〇九年八月～二〇一六年九月の七年超で一度もマイナスになったことがなく、ほぼ一直線で年率リターン七・四％（米ドル建て）と安定的に推移している特殊なファンドや目標年率リターン二五％というハイリターン狙いのファンドもあります。もちろん他にもファンドの情報提供を行なっておりますが、情報提供を行なうファンドはすべて現地に調査チームを送って徹底的に調査を行なっております。

また、ファンドの情報提供以外のサービスとしては、海外口座の情報提供と国家破産対策についての具体的な資産分散の助言を行なっております。

海外口座は、総合的に見て日本人が使い勝手がよく、カントリーリスクの心配もほとんどない、財務体質がしっかりしている銀行の情報を提供しています。銀行の所在地は、シンガポールやニュージーランド、そしてハワイ（アメリカ）の三ヵ所です。邦銀では外国人観光客の口座開設が不可能なように、外国の銀行も誰でもウェルカムというわけではありません。しかも共同名義での開設が可能など邦銀と全くシステムが違いますので、しっかりした情報が必要です。

国家破産対策の具体的な方法としましては、金や外貨預金、外貨キャッシュの持ち方、はたまた今話題のＢＴＣ（ビットコイン）についてなど幅広い情報で皆様の資産保全のサポートをいたします。

他にも、現在保有中の投資信託の評価と分析、銀行や金融機関とのお付き合いの仕方のアドバイス、為替手数料やサービスが充実している金融機関についてのご相談、生命保険の見直し・分析、不動産のご相談など、多岐にわたっております。金融についてありとあらゆる相談が「ロイヤル資産クラブ」ですべて受けられる体制になっています。

詳しいお問い合わせ先は「ロイヤル資産クラブ」

TEL：〇三（三二九二）七二九一　FAX：〇三（三二九二）七二九二

一般の方向け「自分年金クラブ」

一方で、「自分年金クラブ」では「一〇〇〇万円といったまとまった資金はないけど、将来に備えてしっかり国家破産対策をしたい」という方向けに、比較的「海外ファンド」の中では小口（最低投資金額が約三〇〇万円程度）で、かつ安定感があるものに限って情報提供しています。

「レラティブバリュー・コリレーション」という金融の最先端の運用戦略を使ったファンドも情報提供中です。この戦略のファンドの中に、年率リターン九・七％（二〇一一年九月〜二〇一六年一〇月）とかなりの収益を上げている一方で、一般的な債券投資と同じぐらいの安定感を示しているものもあります。

債券投資並みの安定感で、年率リターンが約一〇％もあることには驚きます。また海外口座の情報提供や国家破産対策についての具体的な資産分散の助言、そして国家破産時代の資産防衛に関する基本的なご質問にもお答えしておりますので、初心者向きです。

詳しいお問い合わせ先は「自分年金クラブ」

TEL：〇三（三二九一）六九一六　FAX：〇三（三二九一）六九九一

※「自分年金クラブ」で情報提供を行なっているすべてのファンドは、「ロイヤル資産クラブ」でも情報提供を行なっております。

投資助言を行なうクラブの最高峰「プラチナクラブ」

会員制組織のご紹介の最後に「プラチナクラブ」についても触れておきます。メインのサービスは、「ロイヤル資産クラブ」と同じで、数々の世界トップレベルのファンドの情報提供です。ただ、このクラブは第二海援隊グループが行なう投資・助言業の中で最高峰の組織で、五〇〇〇万円以上での投資をお考えの方向けのクラブです（五〇〇〇万円以上は目安で、なるべくでしたら一億円以上が望ましいです。なお、金融資産の額をヒヤリングし、投資できる金額が二〇〇万〜三〇〇万米ドル（二〇〇〇万〜三〇〇〇〇万円）までの方は、原則プラチナクラブへの入会はお断りいたします）。

ここでは、ロイヤル資産クラブでも情報提供しない特別で稀少な世界トップレベルのヘッジファンドを情報提供いたします。皆様と一緒に「大資産家」への道を追求するクラブで、具体的な目標としまして、「一〇年で資金を四倍〜六倍（米ドル建て）」「二倍円安になれば八倍〜一二倍」を掲げています。当初八〇名限定でスタートし、お申し込みが殺到したことでいったん枠がいっぱいになっていましたが、最近二〇名の追加募集をしております。ご検討の方はお早目のお問い合わせをお願いいたします。

詳しいお問い合わせ先は「㈱日本インベストメント・リサーチ」
TEL：〇三（三二九一）七二九一　FAX：〇三（三二九一）七二九二

海外移住をご検討の方に

さらに、財産の保全先、移住先またはロングステイの滞在先として浅井隆がもっとも注目する国——ニュージーランド。そのニュージーランドを浅井隆と共に訪問する、「浅井隆と行くニュージーランド視察ツアー」を二〇一七年一一月に開催いたします（その後も毎年一回の開催を予定しております）。ツアーでは、浅井隆の経済最新情報レクチャーがございます。

イギリスEU離脱で混沌とする欧州を体感する特別なツアー

第二海援隊では「一生に一度の旅シリーズ」として毎年、浅井が注目する国・地域へ訪問しています。二〇一六年六月には南米ツアーを行ない、現在経済危機に面しているブラジル、過去国家破産を起こした国アルゼンチンを訪問し、貴重な体験をしてきました。

そして、二〇一七年は欧州のポーランドを訪問するツアーを行ないます。ポーランドはEU加盟国でありながらユーロを導入していない数少ないのです。経済は堅調に推移しており、ユーロ導入を自ら見送っている国です。二〇一六年六月に同じくユーロ導入していないイギリスがEU離脱を決めましたが、この出来事を同じ立場のポーランドはどのように感じているのでしょうか。

なお、現在このツアーでポーランドの魅力を存分に堪能できるよう、鋭意企画中です。ポーランドでもっとも美しい古都クラクフを訪問し、街角の素敵なカフェで一息。ショパンが半生を過ごした歴史あるワルシャワの街で、ショパンゆかりの地を巡ります。また、各滞在地では最高級ホテル、食事を手配いたします。まさに「一生に一度の旅シリーズ」にふさわしい豪華なツアーとなることでしょう。日程は二〇一七年六月一五日〜二二日を予定しています。

ツアーに関する詳しいお問い合わせ先は「㈱日本インベストメント・リサーチ」

TEL：〇三（三二九一）七二九一　FAX：〇三（三二九一）七二九二

浅井隆講演会、国家破産対策、インターネット情報

浅井隆のナマの声が聞ける講演会

著者・浅井隆の講演会を開催いたします。二〇一七年上半期は東京・一月一四日（土）、福岡・四月二一日（金）、名古屋・四月二八日（金）、広島・五月一二日（金）、大阪・五月一九日（金）、東京・五月二七日（土）、札幌・六月二日

（金）、大阪・十月二〇日（金）、名古屋・十月二七日（金）、東京・十一月四日（土）を予定しております。国家破産の全貌をお伝えすると共に、生き残るための具体的な対策を詳しく、わかりやすく解説いたします。

いずれも、活字では伝わることのない肉声による貴重な情報にご期待下さい。

小黒一正氏講演会・CD情報

去る二〇一六年七月一四日（木）、本書の対談者でもある気鋭の経済学者小黒一正教授にご登壇いただいた講演会は、平日にもかかわらず大盛況でした。内容も衝撃的で充実しており、後日発売したCDは大反響となりました。参加できなかった方のご要望にお応えし、二〇一七年四月二〇日（木）に小黒一正氏講演会を再び開催いたします。CD受講では聞けない生の話もたくさんあります。ぜひ事前にお申し込みの上、奮ってご参加ください。

第二海援隊ホームページ

また、第二海援隊では様々な情報をインターネット上でも提供しております。詳しくは「第二海援隊ホームページ」をご覧下さい。私ども第二海援隊グループは、皆様の大切な財産を経済変動や国家破産から守り殖やすためのあらゆる情報提供とお手伝いを全力で行なっていきます。
※また、このたび浅井隆とスタッフによるコラム「天国と地獄」を始めました。経済を中心に、長期的な視野に立って浅井隆の海外をはじめ現地生取材の様子をレポートするなど、独自の視点からオリジナリティ溢れる内容をお届けします。

改訂版!!「国家破産秘伝」「ファンド秘伝」必読です

浅井隆が世界をまたにかけて収集した、世界トップレベルの運用ノウハウ（特に「海外ファンド」に関する情報満載）を凝縮した小冊子を作りました。実務レベルで基礎の基礎から解説しておりますので、本気で国家破産から資産を守りたいとお考えの方は必読です。ご興味のある方は以下の二ついずれかの方法でお申し込み下さい。
①現金書留にて一〇〇〇円（送料税込）と、お名前・ご住所・電話番号および「別冊秘伝」希望と明記の上、弊社までお送り下さい。
②一〇〇〇円分の切手（券種は、一〇〇円・五〇〇円・一〇〇〇円に限ります）と、お名前・ご住所・電話番号および「別冊秘伝」希望と明記の上、弊社までお送り下さい。
郵送先　〒一〇一―〇〇六二　東京都千代田区神田駿河台二―五―一
住友不動産御茶ノ水ファーストビル八階
株式会社第二海援隊「別冊秘伝」係
TEL：〇三（三二九一）六一〇六　FAX：〇三（三二九一）六九〇〇

破綻国家アルゼンチンでの特別取材DVD発売

国家破産した国の庶民は、どのような苦境に陥り、そしていかにサバイバルしたのでしょうか。来たるべき日本国破産への備えを万全にするには、国家破産時の庶民の実態を知ることが極めて重要です。

浅井隆は、二〇年以上にわたって数々の破綻国家を訪れ、現地の調査と綿密な取材を行なってきました。そして二〇一六年六月、ついにアルゼンチンの国家破産時の実態を知るべく現地取材を敢行しました。二〇〇一年に国家破産したアルゼンチンは、約六〇年前に日本から多くの移民を受け入れています。今回、この移民一世の日本人の方に特別インタビューを行ない、国家破産の実態に迫りました。庶民を襲った信じられない出来事とは？　そして人々はいかにして苦境を乗り越えたのか？

今回、国家破産に関心を寄せる方のために、この貴重なインタビューの様子を収録した「アルゼンチン国家破産特別取材ＤＶＤ」を発売いたしました。書籍からだけでは知ることのできない、国家破産を生き残る上で重要なヒントが凝縮された特別インタビューです。

詳しいお問い合わせ先は　「㈱第二海援隊」

ＴＥＬ：〇三（三二九一）六一〇六　　ＦＡＸ：〇三（三二九一）六九〇〇

＊以上、すべてのお問い合わせ、お申し込み先・㈱第二海援隊

ＴＥＬ：〇三（三三九一）六一〇六
ＦＡＸ：〇三（三三九一）六九〇〇
Ｅメール　info@dainikaientai.co.jp
ホームページ　http://www.dainikaientai.co.jp

〈参考文献〉
【新聞・通信社】
『日本経済新聞』『東京新聞』『毎日新聞』『ブルームバーグ』

【書籍】
『国家は破綻する』（カーメン・M・ラインハート、ケネス・S・ロゴフ　日経ＢＰ社）
『帳簿の世界史』（ジェイコブ・ソール　文藝春秋）
『人びとの戦後経済秘史』（東京新聞・中日新聞経済部編　岩波書店）

【小黒一正　浅井隆著書】
◆小黒一正
『預金封鎖に備えよ――マイナス金利の先にある危機』（朝日新聞出版）
『財政危機の深層―増税・年金・赤字国債を問う』（NHK 出版新書）
『アベノミクスでも消費税は 25% を超える』（PHP 研究所）
『2020 年、日本が破綻する日』（日本経済新聞出版社）

◆浅井隆
『ギリシャの次は日本だ』（第二海援隊）
『いよいよ政府があなたの財産を奪いにやってくる』（第二海援隊）
『とんでもない時代』（第二海援隊）
『次にくる波』（PHP 研究所）
『国債暴落サバイバル読本』（第二海援隊）
『国家破産サバイバル読本〈上〉』（第二海援隊）
『2014 年日本国破産　警告編』（第二海援隊）

【その他】
『日本財政の真実』

【ホームページ】
フリー百科事典『ウィキペディア』
『日本銀行』『内閣府』『総務省』『財務省』『経済産業省』
『厚生労働省』『東京証券取引所』『投資信託協会』
『国立社会保障・人口問題研究所』『ＩＭＦ』『ＧＦＳ』『ＦＲＢ』
『ＥＣＢ』『ＢＯＥ』『ＢＮＰパリバ証券』

〈著者略歴〉

浅井　隆　（あさい　たかし）

経済ジャーナリスト。1954 年東京都生まれ。学生時代から経済・社会問題に強い関心を持ち、早稲田大学政治経済学部在学中に環境問題研究会などを主宰。一方で学習塾の経営を手がけ学生ビジネスとして成功を収めるが、思うところあり、一転、海外放浪の旅に出る。帰国後、同校を中退し毎日新聞社に入社。写真記者として世界を股に掛ける過酷な勤務をこなす傍ら、経済の猛勉強に励みつつ独自の取材、執筆活動を展開する。現代日本の問題点、矛盾点に鋭いメスを入れる斬新な切り口は多数の月刊誌などで高い評価を受け、特に 1990 年東京株式市場暴落のナゾに迫る取材では一大センセーションを巻き起こす。その後、バブル崩壊後の超円高や平成不況の長期化、金融機関の破綻など数々の経済予測を的中させてベストセラーを多発し、1994 年に独立。1996 年、従来にないまったく新しい形態の 21 世紀型情報商社「第二海援隊」を設立し、以後約 20 年、その経営に携わる一方、精力的に執筆・講演活動を続ける。2005 年 7 月、日本を改革・再生するための日本初の会社である「再生日本 21」を立ち上げた。主な著書：『大不況サバイバル読本』『日本発、世界大恐慌！』（徳間書店）『95 年の衝撃』（総合法令出版）『勝ち組の経済学』（小学館文庫）『次にくる波』（PHP 研究所）『Human Destiny』（『９・11 と金融危機はなぜ起きたか !?〈上〉〈下〉』英訳）『あと２年で国債暴落、１ドル＝ 250 円に !!』『東京は世界１バブル化する！』『株は２万 2000 円まで上昇し、その後大暴落する !?』『円もドルも紙キレに！　その時ノルウェークローネで資産を守れ』『あと２年』『円崩壊』『驚くべきヘッジファンドの世界』『いよいよ政府があなたの財産を奪いにやってくる !?』『2017 年の衝撃〈上〉〈下〉』『ギリシャの次は日本だ！』『すさまじい時代〈上〉〈下〉』『世界恐慌前夜』『あなたの老後、もうありません！』『日銀が破綻する日』『マイナス金利でも年 12％稼ぐ黄金のノウハウ』『ドルの最後の買い場だ！』（第二海援隊）など多数。

〈著者略歴〉

小黒　一正　（おぐろ　かずまさ）

法政大学経済学部教授。1974年生まれ。専門は公共経済学。京都大学理学部卒業後、一橋大学大学院経済学研究科博士課程修了（経済学博士）。大蔵省（現財務省）入省後、財務省財務総合政策研究所主任研究官、一橋大学経済研究所准教授などを経て、2015年4月から現職。経済産業研究所コンサルティングフェロー。世代間衡平や財政・社会保障を中心に研究している。
主な著書に『財政危機の深層』（ＮＨＫ出版）、『アベノミクスでも消費税は25%を超える』（PHP研究所）、『2020年、日本が破綻する日』（日本経済新聞出版社）、『3.11後日本経済はこうなる！』（共著、朝日新聞出版）、『預金封鎖に備えよ』（朝日新聞出版）などがある。

預金封鎖、財産税、そして10倍のインフレ!!〈上〉

2016年12月23日　初刷発行
2017年 1月 5日　2刷発行

著　者　小黒一正　浅井　隆
発行者　浅井 隆
発行所　株式会社　第二海援隊
〒101-0062
東京都千代田区神田駿河台2-5-1　住友不動産御茶ノ水ファーストビル8F
電話番号　03-3291-1821　　FAX番号　03-3291-1820

印刷・製本／株式会社シナノ

ISBN978-4-86335-173-8

第二海援隊発足にあたって

日本は今、重大な転換期にさしかかっています。にもかかわらず、私たちはこの極東の島国の上で独りよがりのパラダイムにどっぷり浸かって、まだ太平の世を謳歌しています。

しかし、世界はもう動き始めています。その意味で、現在の日本はあまりにも「幕末」に似ているのです。ただ、今の日本人には幕末の日本人と比べて、決定的に欠けているものがあります。それこそ、志と理念です。現在の日本は世界一の債権大国（＝金持ち国家）に登り詰めはしましたが、人間の志と資質という点では、貧弱な国家になりはててしまいました。それこそが、最大の危機といえるかもしれません。

そこで私は「二十一世紀の海援隊」の必要性を是非提唱したいのです。今日本に必要なのは、技術でも資本でもありません。志をもって大変革を遂げることのできる人物と、それを支える情報です。まさに、情報こそ〝力〟なのです。そこで私は本物の情報を発信するための「総合情報商社」および「出版社」こそ、今の日本にもっとも必要と気付き、自らそれを興そうと決心したのです。

しかし、私一人の力では微力です。是非皆様の力をお貸しいただき、二十一世紀の日本のために少しでも前進できますようご支援、ご協力をお願い申し上げる次第です。

浅井　隆